元コミュ障アナウンサーが考案した
会話がしんどい人のための

話し方・聞き方の教科書

ニッポン放送アナウンサー
吉田尚記

アスコム

はじめに

人と話すのが苦手、可能なら会話から逃げたい、つまらない人間だと思われるのが怖い。そう思っていたのにアナウンサーになってしまった私ですが、なんとかこの仕事を20年続けてきました。「天才的な才能がなくても、コミュニケーションや会話を仕事にできたこと」についての本を書かせていただいたこともあります。ありがたいことにたくさんの読者を得て、世の中に「コミュニケーションが苦手だ」と思っている人は自分だけじゃないんだと、実感しました。

多くの方々に読んでいただいたその本は、実際に掲載された内容の3倍以上は話をしていて、単純計算ですが話したことの3分の2は紹介できていません。このときは、私が「ニコニコ動画」で配信しながら話した内容を、視聴者の方々のコメントも取り込む形でテキスト化して編集・構成する、という一風変わった作り方をしたのですが、続編を作るのなら別のやり方を試したいと考えていました。

ひとつは、コミュニケーションに関係する研究をされている**専門家の先生方に取材をしてアドバイスをいただく**こと。私がやってきた我流のコミュニケーション術について、専門家の視点から見るとどうなのか、学術的な見解を聞いてみたかったのです。

さらに、この5年（前作は2015年刊）で私の中で生まれた新しい悩みを相談したかったというのもあります。詳しくは後で触れますが、その解決過程に第三者かつ専門家である研究者の方にも入っていただくことで、より深く、コミュニケーションに困っている方の役に立てるはずだと考えたんです。

もうひとつは、私以外にもコミュニケーションを苦手としている人がたくさんいて、**その人たちがどんな悩みを抱えているのか、「どういう困り方」をしているのか、詳しく知りたくなった**んです。前回も「ニコ動」のコメントでたくさんの意見やリアクションをもらえましたが、もっと詳しく、しかも実際に顔を見ながらやりとりをして深めていきたい、とずっと思っていました。

悩みごとの事例を収集するのだったら、ネットでもできるんじゃないか、ＳＮＳで十分やれるのでは、という考え方もあるでしょう。でも、私はどうしても実際にみなさんと会って、場所と時間を共有したかったんです。悩みに対して私が感じた疑問をその場でみなさんに聞きたかったたし、顔が見えていれば細かい文脈も共有できると思ったのです。

それこそ、「コミュニケーションの価値」です。会話が怖いはずなのに、変な話ですよね。**コミュニケーションが怖いのは、その価値がわかっているから**こそかもしれません。

そしてあるとき、ひらめきました。

この2つを同時に実現しながら本を作る方法として、「サロン」を作り、オープンカウンセリングのような場があればいいのではないか…!?

最終的に一冊の本を作ることを目的として「悩み」を共有し、解消法を探り、実際にチャレンジしてくれそうな仲間を募ってみる。一人だけでお話を聞かせてもらうには気が引けるような専門家の先生も呼びやすいし、その場で生まれたやりとりから本が作れるのは、過去の配信の経験からも確実……おお、これはいい!!

と、一人で盛り上がって、出版社がコミュニケーション本のオファーをくださるたび、私の方から「サロンやりませんか？」「専門家の先生を手配してくれませんか？」と熱く逆提案をするようになりました。しかし、ものの見事に、各社ともフェードアウトしていくのです（笑）。確かに面倒くさいプロセスなのは間違いない。

ところが、たった1社だけ乗ってくれる出版社が現れました。

この本の出版元、アスコムです。コミュニケーションに関する本を企画していた編集者の方が、私のことを見つけてくれました。サロンをもとに、読者層が直面している生きた実例に私のアンサーと専門家の見解を加えて、悩みから解決方法までを集約した今までにない本を作りたいといってくださったのです。始めた後で、あまりに大変で後悔したかもしれませんが、すいません、私も想像以上に大変でした。ただ、その分の価値は、ありましたよ、ね？　アスコムさん…!?

この本には、**私の技術＋先生方の知見＋集まってくれたサロンメンバーの経験が融合された、すぐに使えるテクニックがたっぷり掲載**されています。

日々のコミュニケーションに悩んでいる方が、この本を読み、勇気を持って一歩踏み出すことで、さまざまな場面でちょっと楽しい気持ちになれたり、前向きに誰かと接することができるようになったりして、「人と話すことって楽しい」と思っていただけたら、こんなにうれしいことはありません。

元コミュ障アナウンサーが考案した 会話がしんどい人のための話し方・聞き方の教科書 目次

第3章

今日から使える！ 会話がしんどくなくなる話し方・聞き方の武器24

第 1 章

「会話がしんどい」から卒業したいあなたへ

そもそも「コミュ障」って何？

あなたがこの本を手に取ってくれたのは、かつての私のように、コミュニケーションが苦手で自分のことをコミュ障だなぁ、と思っているからじゃないでしょうか。私も根本的には自分のことをコミュ障だと思いますが、「コミュ障」ってなんか引っかかる言葉ですよね。

コミュ障は「コミュニケーション障害」の略称です。本来、言語障害や語音障害など、医学的な診断基準に基づく疾患として分類されるものです。今は一般的に、**「他人とコミュニケーションをとることが苦手であることを表す俗称」として使われる**ことが多いですよね。

でも、不思議なんです。たとえば、うまく泳げないことを「水泳障害」とはいいません。あるいは料理が下手でも字が汚くても、「料理障害」とか「書字障害」なんていいません。考えてみると、泳ぎ方、料理のやり方、字をきれいに書く方法などは、どれも練習や訓練をしなければ、なかなかできないことです。**「練習しなければできないこと」ができなくても、「障害」とは呼ばれない**のです。

一方で、何らかの理由で食事をうまく摂れなくなったり、何か事情があって眠れない場合は、一般的に「摂食障害」や「睡眠障害」といいます。悩んでいらっしゃる方にとっては本当に大変なことだと思いますが、本来、食事を摂ることや眠ることは、訓練しなくても自然にできることだと思われていますよね。ちょっと乱暴ない い方になってしまいますが、**「障害」という言葉は、「本来できて当たり前とされていることができない」場合に使われる**んじゃないでしょうか。

「コミュニケーション障害＝コミュ障」という言葉が俗称として広く使われるようになったのは、**「コミュニケーションは、本来できて当たり前のものだ」と思われているから**じゃないでしょうか。コミュニケーションは、食べたり眠ったりするのと同じように、生まれつき誰でもできるはずだと認識されていることが「コミュ障」という言葉には表れています。

でも、それは大きな誤解だと思うんです。誰かとスムーズにコミュニケーションをとって人間関係をつくっていくのは、すごく難しいことです。決して、「誰でもできて当たり前」ではありません。だから、本当はコミュ障なんて言葉が使われていることと自体、おかしいんじゃないかと思っています。

泳いだり、料理を作ったり、字をきれいに書いたりするのと同じように、コミュニケーションだって、練習しなければうまくなりません。ですから、**うまくできない自分を必要以上に責めたり、落ちこんだりする必要はない**んです。コミュニケーションが苦手だと認識しているなら、**練習してうまくなればいい**のですから。

ただ、そんな表現が使われないような世の中になってほしいと思いつつも、「コミュ障」という言葉は存在していて、そのことで悩んでいる人もたくさんいます。なので、この本の中では、あえてコミュ障という言葉を使っていろいろな話をしていきます。大事なことなので、もう一度いわせていただきますが、**医学的な分類ではなく、あくまでも「他人とコミュニケーションをとることが苦手であることを表す俗称」**

として使っていきます。

元・コミュ障だから伝えられること

「吉田さんにコミュニケーションに関する話を聞きたい」といわれたとき、これまでは私が私自身の経験や失敗談を通して、自分自身のために考えた解決法を紹介していました。しかし、私の経験談だけで、本当に読者の人たちが自分のコミュニケーションを改善できたのか、人生を少しでも良い方向に変えていくことができたのかという点には疑問が残っていました。

私はもともとかなりのコミュ障で、読者の方と同じような悩みをたくさん抱えていました。それが、たまたまアナウンサーになってしまったことで、コミュニケーションの技術をいやおうなく身につけなければいけませんでした。仕事ですから、嫌であってもコミュニケーション「しなければならない」という状況に追い込まれ、毎日バッターボックスに入ってバットを振り続けたのです。フォームがダサいとか、空振りしたら恥ずかしいとか、デッドボールが怖いなんていっていられませんでした。それが嫌なら、この仕事をやめるしかありません。

もしアナウンサーになっていなかったら、コミュ障であり続けたに違いありません。それは、少し嫌ないい方になりますが、**「義務ではないコミュニケーション」からは、いくらでも逃げ続けられる**からです。

私がコミュニケーションを技術として扱うようになってから、20年くらいの時が経ちました。たしかに、その中で得てきた実感を述べ、「こんな風にやってみたらいいですよ」とテクニックを紹介することはできます。でも、それが実際に読者の方のコミュ障を緩和し、解消させ、助けとなっているのかについては、検証したことはなかったんです。

過去、自分がどんなことにどういう順番で悩み、どう解決し、それを法則化していったかの時系列はすでにあいまいです。ピンポイントの質問に「こうすればいいですよ」とお答えはできても、1往復の会話ですらも苦手としている段階の人が、リアルな会話にどんな恐怖感を持っているのか、どんなことを考えながら進んでいけばいいのか、もはや私一人では検証不能です。

今回は、ここにサロンメンバーの力を借りました。

「つまらない」と思われる恐怖との戦い

コミュ障にとって、コミュニケーションは「面倒くさい」ものです。

●コミュ障が陥る現状維持の無限ループ

勇気を出して今度こそ相手に話しかけよう！
←
どのタイミングで、どんな言葉で話しかけようか？
話がうまく合うだろうか？
相手はどんなことに興味を持っているだろう？
自分に関心を持ってくれるかな？

←つまらない奴って思われたくないな。やっぱりやめておこうかな……。

ああ、こうやって考えている自分自身がキモいしツラいな……。

←面倒くさい、よし、今日はやめておこう！

←（元に戻る）

私は、幸い「面倒くさい」と感じてはいられない職業に就きました。会社で「コミュニケーションが面倒くさい」といえば、それは「仕事が面倒くさい」とほとんど同じ意味になってしまいます。

アナウンサーでなかったら、私もこんな流れを繰り返していたかもしれません。

この「無限ループ」は、ある意味魅力的です。何も生み出されないかわりに、一切リスクも生じませんから。このパターンに入り込んだまま、一生を終えることだってできそうです。

うまくいかないリスクやつまらないと思われる怖さが、ネガティブな感情を生んで行動を押さえつけてしまいます。ちなみに、多くの方に読んでいただいた『なぜ、この人と話をすると楽になるのか』（太田出版）の当初の仮タイトルは、『つまらないと思われることが怖いあなたへ』でした。つまらないと思われたら、アナウンサーとしての仕事の喪失に直結するわけで、当時の私の最大の恐怖でした。

ただ、あるときから、人からつまらないと思われようと「もうそれはそれでいいや」という感覚になったんです。たくさんの失敗を経て、そう思えるようになったわけですが、せっかく本を読んでくれている人に失敗させるようなことはしたくありません。多くの失敗は、なくても良いものでしたし……！　ムダな失敗は私までで十分です。

コミュニケーションがツラいと感じる人は、コミュニケーションに価値を感じているから、ともいえると思うんです。**大事に感じているからこそ、失敗が怖い、傷つくのが苦痛**なんですよね。

本当にコミュニケーションなんてどうでもいい、価値がないと思っているのであれば、失敗することも傷つくことも怖くないはずです。でも、そんなことないですよね。

さきほど、無限に続きかねないループの始まりに、何気なく「勇気」と書きました。
実は、この本の重要なテーマがそこにあります。
「コミュニケーションは勇気」だと思います。

究極的には「さあ、がんばって勇気を出しましょう！」ということなんですが、そんなに簡単に勇気が出せたら、誰も苦労しないですよね。

勇気を妨げているものの正体こそが「面倒くささ」です。もしくは、**面倒くさいと偽装された「恐怖」**でしょうか。どれだけコミュニケーションが重要だといわれても、どれだけ会話のノウハウを学んでも、面倒くささが勇気を上回っている以上、次のアクションを起こせません。

どうすれば、面倒くささを乗り越える勇気を出すことができるのか……。
私はマンガが好きなのですが、羽海野チカさんが描く、将棋を題材にした超名作マンガ『3月のライオン』（白泉社）の3巻に、

「『達成感』と『めんどくささ』はもれなくセットになってる」

という言葉が出てきます。

私たちは、物事を「面倒くさい」と思っている人に対して、「地道にがんばって成果を出せ」とか「勤勉に生きて成し遂げろ」とかいう叱咤激励をしてしまいがちです。

でも、そうはいいたくない。「面倒くさい」を乗り越えると「いいこと」があるよ、と伝えたいんです。

面倒くささの正体は、現状が変化することへの「恐怖」です。失敗したらどうしよう、恥をかくかもしれない、一度始めたら逃げられない……こうした恐怖感があるので、「それなら今のままでいいや」となってしまうのです。

一歩踏み出すために必要な「武器」

コミュニケーションは勇気。

では、どうやったら勇気を出せるんでしょう?

誰とでも苦もなくコミュニケーションをとれる人たちは、どうやって「面倒くささ」を乗り越えているんでしょうか？　彼らが特別な「勇者」なのでしょうか？

実は、彼らは丸腰で戦っているわけではなく、**武器を持ち合わせているだけ**です。私が面倒くささを乗り越えられたのは、何百回とバッターボックスに立ち、たくさんの失敗をしながら、使える武器を少しずつ獲得していったからです。

私がこの本で実現させたいのは、**コミュニケーションに使える「武器」を読者の人たちに渡すこと**です。武器を持っていることで、「勇気が出る！」と思ってもらい、その先を知ってもらうことです。

突然ですが、風呂掃除って面倒くさいですよね。できればやりたくないけど、やらないでいるとどんどん汚れていくし、せっかく風呂に入っても気分が悪い。

でも、テレビで、

「汚れ落ちバツグン！　奇跡のスポンジと洗剤でこんなにキレイ！」とか、

「ウチにあるものだけでＯＫ！　驚きの風呂掃除法を教えます！」

という情報を目にしたら、「これはいい話を聞いた、ちょっとやってみようか」という気になりませんか？

いつもとは違う風呂掃除のノウハウや新しい道具を手に入れて、実際にピカピカに変化するとしたら……魅力的ですよね。

コミュニケーションにおいても、今までとは違う「めちゃくちゃ使えるスポンジや洗剤」のようなツールがあるのなら、一度試してみようかな？　という気になれるかもしれない。面倒くささを乗り越える勇気が、出てくるかもしれない。

丸腰で戦えといわれたら恐怖しかありませんが、「こういういい武器があるよ」「大丈夫、まあそんな簡単に死んだりはしないよ」といわれたら、**ちょっとがんばってみようかなという気持ちになれる**のではないでしょうか。

この本を手に取ってくださったあなたは、すでにある程度「勇者」です。自らのコミュ障をなんとかしたいと考え、書店で足を止め、ここまで読むくらい「面倒くさい」を乗り越えてきたわけですから。

コミュニケーションは、「協力型」のゲームだ

ゲームは好きですか？

風呂掃除と違って、ゲームはやりたくなければやらなくていいものです。それなのに、自分の貴重なお金や時間を割いてまで、見知らぬ村人の頼みを聞いてダンジョンに魔物を倒しに行ったりして……。

コミュニケーションもゲームだと捉えてみてはどうでしょう？　ただし、「対戦型」ゲームではありません。いうなれば、みんなで力を合わせて「気まずさ」を排除していく、「協力型」のゲームです。誰かに勝ったり負けたりすることも、点数を競うこともありません。終わりもありません。自分が満足している限り、楽しく、しかも無限に続けられます。

ゲームで新しいアイテムを手に入れると、途端にうまく進めて楽しくなるように、今この瞬間、コミュニケーションに悩んでいる人がすぐ使えて、ものの5秒で効果を実感できるような「武器」をお渡ししていきます。

早速、誰にでも今すぐ使える武器を1つお渡しします。

悩み

相手の話にうまくリアクションできない

武器

最強の相づち「えっ!?」「あっ!」を駆使する

相づちは話し手への「報酬」です。きちんと聞いていること、関心を持っていることの表れが相づちです。

その中で一番使いやすいのが、「えっ!?」や「あっ!」です。相手の話に関心を示せて、さらに話の先を促せるのですから、簡単かつ最強の武器です。想像してもらいたいのですが、初対面の人と話をしていて、相手に「あっ!」といってもらったら、うれしくなりませんか? 私は、「えっ!?」や「あっ!」というために会話しているといっても過言ではありません。相手のためになるだけではなく、面白い話を聞けることは聞き手である私にとってもうれしいことですから。

実際、「えっ!?」といい続けるだけで相手はのってきて、自然に会話は進みます。無理にいう必要はありません。本当に驚いたら、クールぶらず「えっ!?」「あっ!」といってみましょう。

大切なのは、相手に興味を持つことです。これは、当たり前のことに思えますが、すごく大事なことなので後ほど詳しく話します。

相づちを打つことに慣れてくると、少しずつバリエーションも増やせるようになります。「えっ!?」と「ええーっ!」、「あっ!」と「ああー!!」ではかなりニュアンスが違ってきます。

相手「この服、500円だったんですよ」
×自分「安いですね」

相手「この服、500円だったんですよ」
○自分「えっ!? 安くないですか?」

(詳しくはP188参照)

すぐに使ってみたくなること。実用的であること。だからこそ「勇気」につながる。実際にアクションを起こしてコミュニケーションに取り組むことができる。これこそが、この本の目的です。単に「気持ちがわかる」と共感しあうだけでは、状況を変えることはできません。行動して初めて、状況は変わります。

サロンで仲間を集め、リアルな悩みを聞いてみた

こうして2019年秋、「吉田尚記コミュニケーション研究室」という全5回のサロンが立ち上がりました。最初のステップは、参加してくださった方から、リアルな悩みを教えてもらうこと。私の悩み方とどう違うのか、私がどのような「武器」を渡せばいいのかが見えてきます。

その内容の一部を見ていきましょう。

- 仕事なら話せるのにプライベートでは話せない
- くだらないことがしゃべれない
- 空気を読めない
- タイミングをうかがいすぎて話しかけられない
- 相手への質問が思いつかない
- 後から悩んだり、落ちこむ

- 反射的にコミュニケーションが「面倒」だと思ってしまう
- コミュニケーションに疲れてしまう
- 「自分と話したい人なんてこの世にいない」と思ってしまう
- 人の名前と顔を覚えるのが苦手
- まわりに遠慮して自分の意見がいえない
- 会話の終わらせ方がわからない
- 大人数なら平気なのに1対1だと緊張する
- 自分が一緒にいると盛り下がっている気がする
- 美容院でのコミュニケーションが苦痛
- 話を「聞く」のが苦手
- 初対面の人と何を話していいかわからない
- むしろある程度知っている人との会話が苦手
- 会話のパスが来たときに頭が真っ白になる
- 思ってもいないことを発言してしまう

なるほど！　コミュニケーションで悩んでいる人のツラさが伝わってきます。私自身もそうだった、こういう感じだったなぁと共感できるものばかりでした。

この本では、こうした根本的な悩みを解消することを大切にしました。日々、他人とのやりとりに困っている人に伝えたいんです。今回のサロンに出てきてくれるくらいの勇気ある参加者の方々だけでなく、もう少し手前の段階で困っている人たちの力になりたいんです。

集めた悩みを並べてみると、ちょっとずつ似ているところがあります。「空気が読めない」と「タイミングをうかがいすぎて話しかけられない」、さらに「コミュニケーションに疲れてしまう」、「美容院でのコミュニケーションが苦手」というのは、根っこは同じだと思います。

それにしても、「美容院で髪を切っている時間のコミュニケーションが苦痛」という具体的な悩みについて、多くの参加者が共感すると手を挙げました。私もかつては美容院が憂鬱だったんですが、今は全然怖くないどころか、いろいろな武器を試してみる場になっています。わかりやすい実例として、この本でも何回か取り上げます。

大切なのは「気持ちの根っこ」を忘れないこと

「会話をする」というと、自分の話をしなくてはいけないと思ってしまいがちですが、それで失敗してしまったことが多くないですか？

多くの人が誤解していますが、**コミュニケーションは「自己表現」の場ではないんです。**

詳しくは武器を紹介しながら説明しますが、**会話はできるだけ相手にしゃべってもらったほうが楽しいし、長く続く**のです。コミュニケーションをゲームと考えよう、と書きましたが、ゲームはルールの中でテクニックを駆使して楽しむもので、それはコミュニケーションもまったく同じです。

コミュニケーションをテーマにしたビジネス書や自己啓発書の多くは、コミュニケーションを「通過点」として扱っています。交渉やプレゼンの場面が登場し、「自分のいいたいこと（だけ）をどう伝えるか」「相手を思い通りに動かすためには、どんな話し方をすればいいか」、というテクニックが語られます。そしてその結果、ビジネスでの成功やお金を引き寄せようという話になりますが、私はそういったことにあまり興味がありません。

詳しくは第2章で述べますが、私は「コミュニケーションの目的はコミュニケーションそのもの」だと思うからです。

コミュニケーションを楽しめた結果、ビジネスやお金につながることもある、とは思いますが、**誰かと楽しい時間を共有すること、気持ちよく会話することこそがコミュニケーションをとる意味**ではないでしょうか。

誰の中にも「自分を知ってほしい」「相手のことを知りたい」「誰かから大切に思われたい、好かれたい」「仲良くなりたい」という、さまざまな思いがあるはずです。その気持ちが、コミュニケーションの原点だと思います。そうやって誰かと仲良くなり、気持ちが通じ合えれば、その結果、「一緒にお仕事をしましょう」ということもあるでしょう。それは、あくまでも後から付いてくるものです。

この本では、あなたが一歩踏み出すための武器、技術をたくさんお伝えします。

その武器をきちんと使いこなすために、「コミュニケーション本来の目的」が大切です。そこを忘れると、私がお伝えする武器も相手の心に響かないし、使う意味がなくなってしまいます。

この本は、こんな風に使ってほしい

この本は、大きく2段階の構成になっています。

第2章からは3人の研究者の方に入っていただき、参加者や私自身が直面している悩みに対して、一部対談をしながら、普遍的かつ一般的なコミュニケーションの考え方を述べます。

第3章では、実用的な武器をご紹介します。特に重要な武器については、参加者の方々の実践例も紹介します。

武器はレベルを3段階に分けました。レベルは星の数（1〜3個）で表示し、それぞれの武器のところに表示しています。かなりのコミュ障を自認していて、どうしていいかわからない場合は、まずシンプルな「初級（☆1個）」の武器から使ってみてください。コミュニケーションはゲームですから、武器を使いこなすにはある程度の経験値も必要です。特に、第2章や第3章の「中級（☆2個）」で解説する「タイムラインとドローカード」という考え方などは、会話をほぼ無限に続けられるような強力な武器になりますが、使いこなすには多少の準備が必要です。コミュニケーションが苦手で仕方がない人がいきなり使うのは難しいかもしれませんが、ステップアップしていけば必ず自分のものにできます。

この本は、順を追って読んでいただくことを前提にしていますが、とにかく明日のパーティーをなんとかしたい、行きたくない飲み会に出なければならない、苦手な上司と2人きりで出張だ、という場合は、いきなり第3章の武器から、使えそうなものを実践してみてもかまいません。その結果から得られた実体験があるほうが、この本を深く理解できるかもしれません。何度も反復し、末永く使っていただけたらと思っています。

また、2020年に入ってからは新型コロナウイルスの感染拡大に伴い、急速にオンラインコミュニケーションを取る機会が増えました。オンラインでの会話とリアルな会話とでは、だいぶ勝手が異なり、戸惑うこともあるのではないでしょうか。本書では、このオンラインでのコミュニケーションについても、解説するパートを設けました。オンラインコミュニケーションのツールはこれからどんどん進化していくでしょうから、これを書いている2020年時点での状況に基づき、私の考えをお伝えします。【番外編】として盛り込んでいますので、こちらもぜひ参考にしていただければと思います。

最後の第4章は、この本の制作の過程を経て私が新たに得た、コミュニケーションについての考えをまとめます。

それでは、取り組んでいきましょう。

第２章

私たちは何のために会話をするのか

3人の研究者を「召喚」してみた

ここからは、サロン「コミュニケーション研究室」参加者の方とのやりとりを加えて話をしていきます。

さらに、3人の研究者の方にも加わっていただきます。

私
（吉田尚記）

白井宏美先生
（慶應義塾大学ＳＦＣ研究所上席所員）

向後千春先生
（早稲田大学人間科学学術院教授）

柿木隆介先生
（自然科学研究機構・生理学研究所名誉教授）

サロン参加者

著者である私自身にもコミュニケーションについて解決できていない問題があるので、先生方に専門家としてのご意見をうかがいながら解決法を探っていきたいと思います。タイミングに応じて先生方を「召喚」し、直接お話をうかがいます。

まずは、アドラー心理学の研究者、向《こう》後《ご》千《ち》春《はる》先生です。アドラー心理学は岸見一郎先生の『嫌われる勇気』（ダイヤモンド社）で一般にも知られるようになりましたが、私は以前から好きでした。ある育児雑誌で、本来は子育ての心理学であるアドラー心理学で子育てに関する悩みを解決するという連載を持っていたことがあって、そのときにご一緒したのが向後先生です。

今回は、私の「マウントを取りたくなる」問題や、その他の悩みにもアドバイスをいただきます。今回は「オープンカウンセリング」のようにサロンをやろうと思っていますが、向後先生、「オープンカウンセリング」ってどんなものなんでしょうか？

一般的にカウンセラーとクライアントが1対1で、密室で行われるものです。臨床心理学の基礎を築いたフロイトやユングの時代は、1対1で行うことが普通でした。一方でアドラーの場合は、1対1ではなく、まわりの人たちに公開するやり方をとることがありました。これをオープンカウンセリングといいます。

まわりの人というのは一般の人たちですか？　誰がいてもいいんですか？

そうです。もちろん、同じ悩みを持っていて自分も救われたいという人たちが中心で、さらにはカウンセラーの卵もいたかもしれないけれど、通りがかりの人でもかまわないのです。**1対1のカウンセリングだと一度に1人しか治せませんが、オープンカウンセリングなら見ている人にも効果が見込まれます。**そういった意味でも、私はオープ

ンカウンセリングを広めようと思っているんです。

続いて、白井宏美先生です。白井先生は「談話分析」の専門家です。

私たちのような「コミュ障」の悩みは、最終的には、どうやって話せばいいのかわかり、コミュニケーションがうまくなれば解決すると思うんですが、そのために、会話を分析する必要があります。私は、これまで我流で分析してきたんですが、プロは会話をどう分析しているのか知りたいんです。

白井先生の「談話分析」というご専門は、会話のテクニック向上と結びつくと考えていいですか？

直接というわけではありませんが、関連が深いといえますね。**コミュニケーションは、一般的な雑談に代表される「交話的」コミュニケーションと、医者と患者、先生と生徒のような役割で行われる「制度的」コミュニケーションに分けられます。**みなさんが苦手として

いるのは、「交話的」な会話ですよね。これは「ふれあい的」コミュニケーションとも表現できます。

「交話的」コミュニケーションと「制度的」コミュニケーション！

すごくカッコいい！

白井先生は会話の国際比較も行われていますが、国ごとの違いって大きいんですか？

私は日独比較が専門なんですが、すごく違いますね。日本でも関東と関西で会話の仕方が異なって、それが土地柄などと結びついていることがありますが、日本とドイツを比べて共通点や相違点を検証すると、いろいろわかってきます。

どういう違いがありますか？

「相づち」に関する違いは典型的ですね。ドイツ語には、「相づち」に相当する単語がありません。学術的な単語を組み合わせないと表現できない言葉なんです。英語でも「backchannel」と表現するので、世界的に見ても日本が独特なのかもしれないですね。

えっ？　日本なら「相づち」といえば、小学生でも一発でわかるのに……。でも、英語カッコいい！　「今の、ナイス・バックチャンネル！」みたいな（笑）。

相づちってとても重要な研究テーマなんです。研究者も多いし論文もたくさんあります。日本語の相づちは、数、種類が豊富なだけでなく、使われる頻度も高いのが特徴です。水谷信子（※1）という研究者が日米比較で有名な理論を打ち立てているのですが、**日本語の相づちは、話し手同士が一緒に会話を作っていこうとするもの**なんです。私たちはそれを無意識に使っているんですけどね。

最後に、脳科学者の柿木隆介先生です。私の大きな問題「人の顔が覚えられない」を解決するためにお招きしました。

私の本業は神経内科の医師で、「痛み」や「かゆみ」が専門です。わかりやすくいうと、ゲームに熱中している間はなぜ痛みを感じにくいのか？　ラグビー選手はなぜ試合中に痛みを感じないのか？　というようなことを研究テーマにしています。吉田さんも放送に熱中している間は平気だったのに、終わった途端に体がどーんと痛くなることありませんか？

あります、あります！

そういうメカニズムを、ＭＲＩなどを使って研究するのが本業です。顔認知の研究は、どちらかというと道楽なんですよねぇ。

そうなんですか!?

実は、私自身が、**人の顔を覚えられない「相貌失認《そうぼうしつにん》」**なんです。顔の認知は右脳にある顔認知中枢で行われるのですが、脳腫瘍や脳卒中でその部分が障害されて顔の認知ができなくなる状態は、後天性相貌失認と呼ばれています。ところが、最近問題になってきているのは、生まれつき顔認知が苦手な人がかなり存在することがわかってきたことです。これを先天性相貌失認と称していて、ある調査では人口の3パーセントくらいの人が当てはまるという結果が報告されているほどです。吉田さんや私は、まさに先天性相貌失認だと思われます。今日も、2カ月前にお会いしたはずの編集者の方をまったく思い出せなかったんです。やはり自分は先天的にだめだ、病的に顔を覚えられないと改めて思いました。文部科学省のプロジェクトを委託されて、5年のあいだに研究者60人を集めて顔認知の研究をしたんですけど、私個

人としては改善しませんでした。ただ、意識して改善する方法を見つけて報告はしました。

今回は、その成果の一端をぜひ教えてください。ところで、私や先生とは反対に、生まれつき人の顔を覚えられる人もいるんですか？

います。というか普通はそうなんです。文字が覚えられないディスレクシア（読字障害）という症状がありますが、普通の人は勉強をしていけば文字を読めるようになりますよね。顔が覚えられる、覚えられないというのも同じです。

※1　水谷信子（みずたに のぶこ）
日本語教育学者。お茶の水女子大学・明海大学名誉教授、元アメリカ・カナダ大学連合日本研究センター教授。英語国民に対する日本語教育に従事し、文化放送ラジオ講座「百万人の英語」講師を務めた。

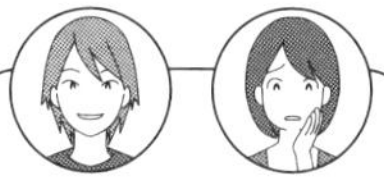

Q「ムダな雑談」って、する意味あるの？

A すること自体が目的なんです！

ムダ話は人間関係の根本だ

ふと、そもそもなんで他の人とコミュニケーションをとりたいのか、会話がうまくなりたいのか、という根本的な疑問に行き着くことはありませんか？　目的のない会話、いわゆる雑談がうまくいかなかったときに、なぜあんなに後悔しちゃったりするんでしょう……。「雑談＝しなくてもいい会話」だったわけですから、後悔する必要はないはずですよね。

私は、**雑談って、すること自体が目的なんだ**と思っています。どうでもいい、くだらないムダ話こそ、人間関係の根本だと考えているんですね。

人類学者のロビン・ダンバーが提唱した「ダンバー数」というものがあります。簡単にいえば、「ヒトが安定的に群れることができる人数」のことです。だいたい150人くらいだといわれています。霊長類は、一般的にグルーミング（毛づくろい）で社会的なつながり（群れ）を作ります。この群れの大きさは、その霊長類の脳の大きさと毛づくろいにかける時間と相関関係があるといわれています。人間の脳の大きさから考えると、人間の群れの大きさは150人ぐらいになるということです。

携帯の電話帳の登録件数やSNSの友達の数からも、確かにそれぐらいかな、という感覚はありますよね。ただ、人間はお互いに毛づくろいなんてしません。**でも、ほかの霊長類がしないことで人間だけがすることがある、それが「雑談」です。**

「ムダな雑談」がグルーミングとしてすごいのは、同時に複数の人とのあいだで行えるところです。**毛づくろいは、基本的には1対1でしかできないけれど、会話でのコミュニケーションは複数対複数でもできます。**Facebookができてから、SNSの人間の大脳皮質はさらに厚くなっているという研究もあるらしくて、SNSの普及はグルーミングをより効率化しているともいえるかもしれません。だから、あんなにみんな夢中になるんじゃないかな。

視点を変えると、「言葉よりも先に歌があった」という説があるんですが、それもここにつながっていると思うんです。これは、ある動物行動学者の説ですが、まず「友達と遊んで楽しい」ときの歌があった。一方で「狩りがうまくいって楽しい」ときの歌もあった。厳密には違う「楽しい」だけど、そこには共通する部分があって、どちらも「楽しい」に違いない。だから、この歌の共通の部分を「楽しい」としようと、言葉が生まれたのではないか、ということです。また、民族音楽学の研究者も「文明がある一定の規模になるには歌が必要である」と主張しています。

さらにその動物行動学者の方と、「言ったら伝わらない」という話をしたことがあります。どういうことかというと、**「もっとも伝わるのは言っていないことだ」**というのです。言葉で伝わる、伝えられることって実はすごく限られていて、**私たちは、相手の表情やしぐさなど、言葉以外のものから無意識のうちにメッセージを受け取っている**んですね。今、私たちがこうやっていっぱいしゃべっている瞬間にも、「言わなかったこと」がドーナツのように現れて、実はそこが一番強固なメッセージになっているというんです。

ちょっと話が広がりすぎましたが、**ムダな話、どうでもいい雑談って、本当は「仲間になりたい」というメッセージ**だと思うんですよね。「友達になりたい」っていう相手の意志に、自分がうまくのれるかという問題だと思うんです。うまくのれない可能性があるから、雑談って怖いですよね……!

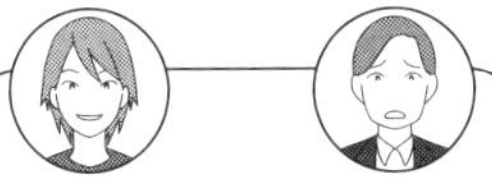

Q 初対面の人との雑談って何を話せばいいのかわからない

A 初めての相手こそ、中身のない雑談がいい！

初対面の人とは、どうでもいい話をしよう

仕事上の目的のある会話はできるんですが、「どうでもいい話」や「ムダな雑談」ができないことが悩みです。

それ、わかります。
白井先生のいう「制度的コミュニケーション」はできるけど、「交話的コミュニケーション」が難しいですよね。

まず、「どうでもいい話」って具体的にどういうものでしょう？　誰とも会話しなくても平気、むしろその方が平穏に生きていける気がする、と思っちゃうこともありますよね。だけど、そこまでは割り切れない人のほうが多いんじゃないでしょうか。私は、**誰とも会話をしない人生は「ゆっくり死んでいくような感じ」**だと思います。

本来は必要ない気がする「ムダな雑談」は、ムダではありません。「ムダ話がしたい」「友達が欲しい」のは本能的な欲求だから。問題は、そのとっかかりをどうするか。例を挙げてみましょう。

2019年の秋に、大量の「にわか」ファンを作り出した「ラグビーワールドカップ」がありましたが、これこそ誰とでも気軽に話すのに最適なテーマでした。

日本代表の快進撃につられて、日本全国で急に膨大な量のラグビーについての会話がなされたわけです。もともとラグビーを愛していたという人たちはごく一部で、大部分は、ほとんどラグビーなんて見たことがなかったという人たちが会話を繰り広げていましたよね。**知らないからこそ、どこからでも話ができた**んですね。話の中身は、ラグビーが面白いでも楽しいでも、危ないでも、日本がんばったでも外国人観光客多いでもかまわなかったわけです。もしそこでラグビーに詳しい人、または「本当にラグビーを心の底から愛している人」に出会ったら、思いの丈をぶつけて解説してもらうなんて最高です。**ほとんどの人に、ラグビーについての利害関係がなかったから、よかったんです。**でもこれが、流行している感染症の話となると、みんな自分の生活に関わることだし、医学的・政治的に重要な話になってしまいます。交話的じゃなく、利害関係のある話、深刻な話になってしまいがちで、ちょっとよくないな、と私は思っています。

人類にとって不変の、**どうでもいい話の代表例が「天気の話」**です。

天気の話なんて白々しいと思われそうだし、すぐ話が終わりそう。

ですよね。天気の話を持ちかけて、なんだか気まずく話が終わった経験は、みんなありそうですね。

ここにはちょっとしたテクニックがあります。

それは**「天気の話は質問形にせよ」**です。

相手に「今日はいい天気ですね」といってしまうと「そうですね」程度の返事しか期待できませんが、たとえば「今日、家を出るとき、晴れてました?」と質問すれば、相手は自分のことをしゃべってくれるはずです。その人の住んでいる場所や、家の様子がわかるかもしれません。「○○さん、今日薄着ですね。寒くないですか?」と聞いて服装の話に行ってもいいし、「もうTシャツ1枚ですか、Tシャツって何枚くらい持っていますか？　どんなの好きですか?」とか質問を続けていけば、「どうでもいい雑談」が広がっていきます。

会ったばかりの人にどうでもいい雑談を仕掛けてもいいものか迷って

しまう人がいますが、私は反対に、**知らない人だからこそ最初はどうでもいい話をすべき**だと思います。重要な話、真剣に話し合いたいテーマに踏み込むのは、相手との関係がきちんと築けて、準備と場を整えてからじゃないでしょうか。相手にとって何が重要なことなのかを探るために、まずは「大切ではないこと」をいろいろ当ててみる、という感覚ですね。だから、この段階での会話は「どうでもいいもの」ほどいいんです。

Q 会話に「オチ」がつけられない

A 会話にオチなんて必要ない

会話はオチがないから面白い

どうでもいい話を始めにくい理由として、自分から会話をする以上は相手を面白がらせなくてはいけない、「オチ」をつけなくてはいけないと思っていませんか？　第1章で挙げた悩みの中にも、「会話の終わらせ方がわからない」という項目がありました。「終わらせ方」のテクニックは白井先生の専門分野のひとつなので、第3章でも武器として詳しく解説します。

武器20　話の感想を述べるとクロージングがしやすくなる↓P260

私は、**会話に「オチ」なんてなくていい**と思っています。むしろ、話し続けているうちに時間が来てしまって、仕方なく終わるような状況が理想的です。「惜しいね」「また話そうね」で別れるのが一番いいですよね。グルーミングとしての雑談なら、次また会いたい、とお互いに思えたら最高です。そんな別れ方をするのに、「オチ」は必要ないんです。

では、どうして会話にオチが必要だと思ってしまうのか？　それは、会話を「自己表現の場」だと勘違いしているからではないでしょうか。会話を一本の劇のように、あるいはコントなどのように考えているから、オチがなくてはならないと思ってしまうのではありませんか？

会話は、「自分が一方的に表現する」わけではなく、

自分が質問する↓相手が考えて返してくれる

↓それをもとに自分がさらに考えて質問する

という繰り返しが基本です。始めた時点ではどう転がるかわからないもので、その終わり方もまた予測ができないのが当然なんです。オチとは、筋書きがあって終わりがわかるから作れるわけで、**始めからオチを用意しているというのは、相手の自由な反応を認めていないのと同じ**ともいえます。

私は、コミュニケーションを「劇」ではなく「ゲーム」として捉えています。

あらかじめ展開はわからないけれど、一定のルールがあります。そこから方法論や戦術を考えることができるわけです。この本では、そのルールを学んだ上で、使える「武器」（方法や戦術）をお伝えしていきたいと思っています。

Q　1対1で話をするのが怖い

A　自分は「敵ではない」と知ってもらうだけでOK！

コミュニケーションは、敵・味方を判断する手段？

複数の人との会話に参加しているのはそんなに緊張しなくても、誰かと1対1だとめちゃくちゃ緊張してしまう…！　1対1の会話って何か特別ですよね。どうして緊張してしまうんでしょう？　向後先生、いかがですか？

1対1の会話は、「私はあなたの敵ではありませんよ、味方ですよ」ということさえ相手に知ってもらえれば目的達成なんです。これを

知っておくだけで緊張が少なくなります。

私も、**コミュニケーションって「敵味方を判断するため」に存在している**と思っています。「人を殺してはいけない」というのは人類共通のルールだということに疑いはありませんが、その実、人類は歴史上いつもどこかで戦争をしていて、殺し合いをしてきたんですね。そう考えると、人類史上、「人を殺してはいけない」というルールが存在したことはないともいえます。**「なんで人を殺しちゃいけないの?」という疑問を、誰しも一度は抱いたことがある**と思います。

でも、「なんで味方を殺しちゃいけないの?」という質問は聞いたことがないですよね。戦いの中では「味方を殺してはいけない」というルールはあるわけです。「敵・味方」っていう分け方は、人間にとってすごく根本的だと思うんです。「敵はどんどん殺し、だけど味方は殺してはいけない」のが人間の本能なわけです。会話が成立する相手が「味方」で、成立しない相手が「敵」と判断しているんじゃないでしょうか？

話している内容より、会話していること自体が「敵ではないよ」というシグナルなんです。

それは正しいと思います。**会話が通じない、得体の知れない相手は敵である可能性が高い。それを判断するためにコミュニケーションをとる**ということです。

たとえば、「既読スルー」でいやな気持ちになるのは、読んでいながら返答が来ないということは、自分が「敵」として認知されているぞと感じる部分があるからですよね。

せめてスタンプ返せ、ということですね。そう考えると、返答せずに返答できるスタンプや「いいね」ってすごい発明。

この話は柿木先生にもうかがいたいのですが、会話は、相手を個体として識別するための道具だということですよね。

そうです。ただ、言葉は顔認識より歴史的に後に出てきたものなので、まず相手の顔を記憶できるか、表情に敵意があるかどうか、怒っているのかいないのかを見分けることが大切になります。言語がない場合、顔や表情が読み取れないと生きていくのに不利になってしまう。先天的に顔が覚えられない「相貌失認」だと要するに早死にしてしまう確率が高くなるわけですね。だから、顔の見極めがつく種が生き残ってきたのかもしれないですね。

ということは、柿木先生や私はマイナーな存在だということですね。

すぐに顔を覚えられる相手もいれば、なかなか覚えられない相手もいて、覚えやすい人は味方だと思えます。

なるほど、そういう考え方もある。

反対に「こいつは危険な敵だ」と思った場合も覚えておかなきゃいけないので、どっちともいいにくいかもしれませんね。小さい頃いじめられた相手の顔って、絶対に忘れないでしょう？　むしろ「どうでもいい」相手というか、無害で存在感の薄い人は覚えていないものです。

確かに、いやな先生とか先輩とか、一生忘れられないかもしれない。

逆に、自分がいじめたり、いじって笑っていたりした相手の顔は、自分にとって脅威ではなかったから忘れてしまっているんです。いじめられた側は忘れられないのに、いじめた方は覚えていないというのは、そういうことなんですよね。

Q　どうでもいい会話がどうしても苦手

A　相手に「共感」するだけでいい

「システム脳」と「共感脳」の会話がかみ合わないワケ

「どうでもいい会話ができない」という悩みって、「敵と味方を分ける」といったような会話をする理由や目的が価値として理解できれば、解決する気もするんです。これには、男女差もあると思いますが……。

私の友人で細馬宏通さん（※2）という会話の研究者がいるんですけど、彼の博士論文はまさにそういう研究なんです。見ず知らずのグループ同士がエレベーターに乗り合わせたとき、1つのグループがしていた

話の内容を、見ず知らずの別のグループが引き継ぐという現象がみられるというんです。彼はその研究のためにエレベーターに乗りまくったそうです。

すごい方(笑)。でもそれ、めちゃくちゃわかります!

調査を進めてわかったのは、話を引き継ぐのは、女性のほうが多いということです。たとえば、ある女性が「あのお店のあんみつおいしかったね」というと、そばにいた別のグループの女性が「今度甘いもの食べに行きたいね」といったように話を引き継ぐという具合です。直接的でなくても、同じジャンルの話題を引き継いだりすることもあるといいます。これがいわゆる**「共感脳」**というもので、相対的に女性のほうに多く見られる現象なので、別名**「女性脳」**とも呼ばれます。これと対になるのが、何かとシステムを作りたがる**「システム脳」**、別名**「男性脳」**です。

もちろん、すべての女性が共感脳で、すべての男性がシステム脳というわけではありません。１人の脳の中に両方の性質があって、**女性は共感脳の比率が高く、男性はシステム脳の比率が高いということ**です。だから、車両の成り立ちや時刻表の仕組みなどにハマる「鉄ヲタ」は男性が多いわけですね。そこでは共感はそれほど重視されず、システムに興味を持ち、自分の中でそれを究めていきたいと思うわけです。そういう人たちは、どうでもいい話が苦手です。

鉄ヲタ同士は、たとえば「久留里《くるり》線（千葉県を走るＪＲの路線）の車両」についてずっと話していられるし、それが重要なことだと思っている。でも彼らが「最近流行っているらしいですね」っていいながら、一緒に流行りもののスイーツを食べている姿は、あまり想像できない。流行が生じるのは共感脳のせいですか？

そうですね。**どうでもいい話をするためには、共感脳を働かせなきゃいけない。**「あるよね」とか「うれしいよね」とか、そういう気持ちが重要なんです。でも、そんな難しいことではありませんよ。何でもいいから相手に質問をすればいいんだし、ただ単にオウム返しをするように「そうだよね」といってみたりするだけでいいんです。システム脳で考えるとムダに思えるけど、これこそがどうでもいい話をするコツなんです。若い女性同士の会話によく見られるような、あまり深い意味もなく「ウケる！」とか「かわいい！」といい合うような感じです。**共感脳において会話はグルーミングの一種ですから、やりとりすること、共感することに意味がある**んです。人は、どうでもいいことほど、共感してほしいんですね。

どうでもいいことを聞いたとき、「どうでもいい」といっちゃいけないんですか？

「どうでもいい」といわれると、そこで関係が終わってしまいますね。

つまり「どうでもいい」と思ってもひとまずはいわずにおいて、可能な限り乗っかっていくことが大切だということですよね。

システム脳的に考えると、「人間の大きなシステムにおいては『どうでもいい』と実際にいった場合の成功確率は有意に低く……」みたいな文脈にしないと飲み込めないかもしれませんが（笑）。

そんなことをいわれても、共感脳からは「何そんな難しいことといってるの？」となる。

そうですよね。システム脳側も、共感脳側とは動機が違っていてもいいので、どうでもいい話をする価値が実感できればいいんですよね。世の中で大きな成功を収めている「仕事ができる人」って、優秀なシステム脳を働かせていながら、「どうでもいい」ことの価値も十分理解し

ているような気がしませんか？　社会は理屈だけででき上がっているわけではなく、ヒトは論理的ではない理由で行動してしまう生き物だ、みたいなことがわかっているというか……。これもシステム脳的な説明かなぁ。

「どうでもいい話」を続けていくためのテクニックは、この本の後半でお伝えしていきますが、誰でもできるんですよ、本当は。なぜかというと、**会話は1つの話題を何かしら受け取って続けていくことが当たり前で、受け取らないようにするほうが難しい**からです。

「無理問答」ってご存じですか？　試しに少し実演してみましょう。

A「今日って、意外といい天気でしたよね？」

B「さっき、地下鉄に乗って来たんだよね」

A「この靴、安かったんですよ。ほらこれ、結構いいでしょう？」

B「昨日の夜、ラジオ聴いてたんだよね」

こんな風に、前の話題を受けてはいけないというルールの言葉遊びなんですが、実際にやってみるとものすごく難しくて、相当がんばらなければできないんです。人間は会話をする中で、自然に前の発言を受けて次を考えてしまいます。「今日意外といい天気でしたね」といわれると、「ですよね」とか「明日は雨らしいよ」とかいいたくなってしまう。

逆にいえば、**最初のひと言さえうまく決められれば、会話は自然に流れていく**んです。だから、**会話のスタートはその場の状況に応じたことであれば、どんな「どうでもいいこと」でもいいんです。むしろ、どうでもいいことの方がいい。**システム脳向けには、「どうでもいい話からスタートするからこそ、会話の内容が豊かになる」といえば響くかもしれないですね。

どうでもいい話は、どうでもいいがゆえに利益が発生しにくいんですよね。システム脳の人が好みそうな、何らかのロジックで結論に至るような話は、利害がからみやすい。聞いてよかったとか、いい商談だ

ったとか、ためになったとか。**どうでもいい話は双方に利益が発生しないからこそ、そんなムダな時間を割いてくれている人間関係が大事なんだ、**という話だと思うんです。

システム脳は、それを反射的に面倒と感じてしまうんですね。

利益の面からいえばそうなりますね。時間をかける価値がないと思ってしまう。それを、**「時間をかけて無価値を生む」**というふうに考え方を切り替えられれば、素直に「ムダな会話」ができるのではないでしょうか。

相手にどんどんムダな話をしてもらうことこそ、会話の目的です。自分ではなく、徹底的に相手のため。自分が話したいことを話すのではなく、相手にどんどん話してもらう。最初のひと言も、その後の会話も、基本は相手に質問するべきです。だから、相手に気分よくしゃべ

らせる方法を考えることが大切なんです。

そのための具体的なテクニックとして今回いくつか武器を用意しています。簡単に試せるものでは、

武器1　相手の言葉を「オウム返し」すれば会話は続く↓P178
武器2　とにかく疑問形で話をしよう！↓P182
武器6　「相談する」というスタイルは万能！↓P204

など。少し慣れて余裕ができてきたら、

武器8　自分の「話したいこと」「得意なこと」から話し始めよう↓P210
武器18　相手の「空白」や「スキマ」に質問のヒントが隠れている↓P252
武器19　相手の視線から会話の糸口を見つける↓P256

という武器もあります。

※2　細馬宏通（ほそま ひろみち）
1960年生まれ。早稲田大学文学学術院文化構想学部教授。滋賀県立大学人間文化学部教授。京都大学大学院理学研究科博士課程修了（動物学）。ことばと身体動作の時間構造、視聴覚メディア史を研究。『浅草十二階』『絵はがきの時代』（青土社）、『絵はがきのなかの彦根』（サンライズ出版）など、著書多数。共著には『ステレオ 感覚のメディア史』（ペヨトル工房）、『活動としての文と発話』（ひつじ書房）などがある。

Q どんなことをどんな風にしゃべればいいのかわからない

A 心に浮かんだことを、そのまま言葉にしてみよう

しゃべるとは、心の描写だ

会話をシンプルに分解すると、「相手の話を聞く」と「自分がしゃべる」の2つになります。もう少し細かくすると、「相手の様子や話を受けて次にしゃべるまでの準備」がその間に挟まります。これをサッカーにたとえると、質問など相手に話をしてもらうためのきっかけはボールを渡す「パス」、「しゃべる」は自分でボールをキープする「ドリブル」になります。「相づち・リアクション」は、相手からのボールを受けて自分でコントロールできるようにする「トラップ」ですね。トラップがうまかっ

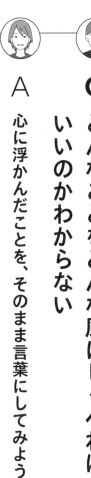

たり、いいパスを出せたりするようになると、会話は弾んでいくわけです。

「質問＝パス」は「しゃべる＝ドリブル」よりも重要です。あくまでもパスが基本。いいパスを出すためにドリブルしなければならないときがあるだけです。

最近、「しゃべる」に関して重要な気づきがありました。

それは、**「しゃべる＝描写」である**ということ。

会話におけるドリブルとは、描写だったんです。これが「何をしゃべればいいのかわからない」「どうしゃべればいいのかわからない」「話題が広がらない」という悩みへの解決策でもあります。

描写とは、身の回りにある状況や、自分の目に映ったもの、心に浮かんだ考えを言葉にすることです。余計なことを考えず、そのままを言葉にするというのがポイントです。たとえば、会話が少しかみ合わなくなったとき、「ちょっと待って！今、変な感じになりましたよね？」ということさえも、描写といえます。

少し実例を見せましょう。これは、サロンメンバーと私の実際の会話の一部です。

吉田「ご出身はどちらなんですか？」

Aさん「××県の△△というところです」

↓ここから、心に浮かんだことをどんどん描写する

吉田「うーん、失礼ですけど僕は知らない地名です」

Aさん「もう、すごい田舎で、山の中の『限界集落』みたいなところです」

吉田「おお、それなら星とかすごくきれいに見えそうですね」

Aさん「星はめちゃくちゃきれいです。

まあ、星と温泉くらいしかありませんが……」

吉田「いやいや、星空と温泉って、めちゃくちゃ素敵な組み合わせでしょ⁉

みなさん、お家も広そうですよね。逆にマンションなんてなさそうですね」

Aさん「マンションはないですね。大きな一軒家が点在していて」

吉田「ということは、庭もびっくりするくらい広そう」

Aさん「余裕で野球ができますね。ピッチャーマウンド作れるくらい広いです」
吉田「うわー、ぜいたくだなー。子どもの頃は、そこで友達とか兄弟とかと野球をしたんですか？」

この会話、最初に「ご出身はどちらですか？」という、誰にとっても答えに困らない質問をしたあとは、私は答えを受け取って、心に浮かんだイメージを言葉にしているだけなのがわかりますか？　それだけで会話がどんどん広がり、さらに情報が出てきています。

ただ**描写を繰り返すだけで相手は気持ちがよくなって、話に乗ってきてくれる**ということに私は気づいてしまった。ここからも武器を作りました。

武器4　頭に浮かんだ感情をそのまま言葉にしてみよう↓P194
武器5　「先入観」や「勝手なイメージ」をぶつけてみる↓P198
武器14　相手が話し始めるまで自分の体験や感情を細かく描写していく↓P236

感情が高まるとつい先走ってしまったり、食い気味に反応したり、相手の話にかぶせて話したりしてしまいます。

すごくわかります。でも、前のめりになったり、かぶったりしても罪ではないし、それはそれでいいと私は思うんです。気まずいと感じているのは自分だけで、興味を示されている相手はむしろうれしいかもしれない。それこそ、状況をそのまま描写して「食いついちゃいました、興奮しちゃって」といってみてもいい。だいたい、かぶったぐらいで怒り出す人とは、そもそも仲良くなれないと思いませんか？

ただ、アナウンサーという職業の私としては、会話が重なるクロストークにはならないように注意しています。リスナーやお客さんが聞き取りにくいし、後から編集できなくなってしまうので。これは、「相手にかぶらない」と決めておくだけでできるようになります。

相手の会話にかぶらないように……、とタイミングを待ちすぎると、聞きたかった内容を忘れてしまうこともあります。

これは逆のパターンですよね。興味があったり聞きたいことが出てきたりしたけれど、待っているうちに話題を逃してしまうこと、確かにあります。どうでもいい会話であれば別に逃しても気にしなくていいと思いますし、本当に聞きたいことであれば、私はその場で「メモ」を取るようにしています。

このテーマについては、後で白井先生にもアドバイスをいただきながら、会話をしている自分を客観的に研究する方法を紹介します。

Q 相づちがうまく打てない
A 感情を素直に表現すればいい

相づちは、話をしてくれる相手への報酬である

先ほどの会話の実例をもう一度見てください。私は意識して相づちを打っています。**相づちは会話をしてくれている相手への「報酬」です**。相手のための会話なんだから、相手にはなるべく報酬をお返ししたいですよね。

相づちといっても、私の心を描写していることには変わりません。なかでも、相手に対しての驚き、リアクションは意識して行っています。

「えっ?」とか、文字通り「びっくりしました!」という感情を描写するようにしています。

大げさな相づちは、ちょっと恥ずかしいかも。

もちろん、ウソをついてまで相づちを打つ必要はないけれど、そのときの素直な感情を抑える必要もないと思います。素直な感情を表現できればそれでいいんです。私自身、自分の話に相手が驚いてくれるととてもうれしいですね。みんなそうじゃないですか？　これは武器としてすぐに使えます。

武器3　最強の相づち「えっ!?」「あっ!」を駆使する**↓P188**

白井先生、相づちは日本人の会話で特徴的なものだとおっしゃっていましたが、英語でも「アーハー?」とかいいますよね。

先ほども少し触れましたが、水谷信子先生による日米会話の有名な研究によれば、日本では相づちを使って共に話を作っていこうとするのに対して、アメリカでは話し手と聞き手の境目をはっきり分けるために使っているんです。**アメリカが「対話」なら、日本は「共話」といって、話している途中にどんどん相づちを入れていく形なんです。**

確かに、私は**自分の気持ちを、相づちという形にして最小化している感覚**があります。常に自分も相手と一緒にしゃべっているという感じがありますね。

これって、サプライズでプレゼントを渡したときのリアクションに似ているかもしれません。なんでサプライズを用意するかといえば、相手のびっくりした表情やリアクションを見たいためですよね。ここで感情を出してもらえなかったら悲しい。

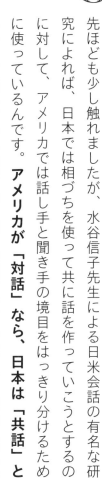

Q どうすれば相づちはうまくなる？

A まずは定番の相づちを工夫するだけでいい！

会話上手は相づち上手

相づちには種類があるんです。吉田さんが「いいたいことの最小化」とおっしゃいましたが、その通りで、**いいたい内容によって相づちも変わってきます。**「うん」「へえ」「なるほど」「はあ」などというのは、「話を進めてください」という相づち。反対に「あ」「でも」などは、「ちょっとコメントがありますよ、いいたいことがありますよ」というものです。

うわ、それ私も普段からやっていますね。今まで意識していなかったんですけど、使い分けています！

そう、みなさん無意識に使い分けているんです。それを意識化するのが私たち研究者の役目ですね。

おお、カッコいい！　先生、どうすれば相づちはうまくなりますか？

吉田さんのような「話のプロ」や話が上手な方と、会話が苦手と感じている方との違いは、相づちのバリエーションの「厚さ」です。

相づちにはバリエーションがあったほうがいいわけですね。ただ、急にバリエーションを増やせといわれても、難しそうです。

〝相づちビギナー〟は、いきなりバリエーションを増やしたり、高度な技を使ったりすると失敗しますね。素人が超一流の芸人の芸をそのままマネしても、なかなかウケないのと同じですね。

ああ、わかる気がします。世界一見たくないのって、プロのマネをしている大学生の漫才かもしれない。

そうです。ただの猿マネは見ていてつらいですよね。

苦手と思っている人ならなおさら、いきなり高難度の技に挑んではいけません。まずは、ごく当たり前の相づちから始めましょう。相手との会話のきっかけを作ることが目的ですから、相づちで失敗してかえって相手の心を閉ざしてしまったら本末転倒です。

「天気の話はするべし」とありましたが、初心者こそ基本をおろそかにしてはいけないのです。いきなり気の利いた、いいリアクションを返そうなんて考えなくていい。定番を工夫するだけでいいんです。

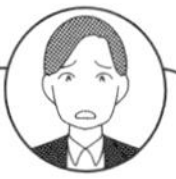

Q 初対面の人との会話をどう進めればいいかわからない

A 会話の最強アイテム「HOW」を駆使しよう！

会話のモニタリングで上達のヒントがつかめる

私には長年会話に悩んできたことで生まれた得意技がありまして、人の会話を分析できるというか、その会話がどういう構造になっていて、なぜそうなったかがその場で把握できるんです。白井先生の学術的な研究とは違って、我流ですけどね。

そこで、実際の会話を素材として、相づちを含む会話改善のヒントを探っていきたいと思うんです。特に、私たちがもっとも苦手とする、まったく初対面の人との会話です。

ある研究によると、**初対面の相手と話しやすくしたければ、相手との距離を45㎝以上離して、真正面に向き合うことは避けた方がいい**というデータがあるんです。座る位置は斜め前がベターです。

そうなんですか！　実は私も初めての人にインタビューする場合って、真正面には座らないんです。経験的に。４人掛けの机なら、対角線上になるように座ります。それを見越してなのかはわかりませんが、ラジオのスタジオに置いてある机って、長方形ではなく台形になっているんです。正面に座っても、相手に対してちょっと角度がつくんです。あれって理に適っていたのか！

放送業界の経験則と、こちらの研究が合致しているのかもしれません。

では、サロンでの初対面の2人による会話を、白井先生と私とで分析してみたいと思います。共通する指摘があったら、すごく意味のある要素かもしれません。45㎝以上離れて、斜めに座りましょう。ではスタート！

Aさん「こんにちは。初めまして」
Bさん「こちらこそ初めまして。よろしくお願いします。
今日はどうやってここまで来たんですか？」
Aさん「えっと、普通に電車です。都内なので」
Bさん「へえ！　都内にお住まいなんて、カッコいい！」
Aさん「でも東の方だからカッコよくは……」
Bさん「そうなんですか」
Aさん「Bさんは、今日はどうやってここまでいらっしゃったんですか？」
Bさん「バスです。高速バス」

Aさん「ええっ!? どちらから来たんですか?」

Bさん「宮城県です」

Aさん「そうなんですね! 何時間かかったんですか?」

Bさん「6時間くらいですかね?」

Aさん「お尻痛くなりそう」

Bさん「めっちゃ痛い。今日は尻芸できないです」

Aさん「……東京に来るときはいつも高速バスなんですか?」

Bさん「そうなんですよ。新幹線のほうがもちろん絶対ラクなんですけど、最近、結構東京に来たくなる機会が多いんで。お金を節約したいと思うと、結局どんどんお尻が痛くなる。絶対尻芸できないです」

Aさん「そうですか……」

はい、そこまでにしましょう! わかりやすいポイントがたくさんある会話になりました。分析がやりやすい! 早速やってみましょう。

まず、冒頭の「こんにちは」とか「初めまして」ですが、挨拶から始まることって、当たり前のようでいてとても大切です。敵意がないことを明確にしていますからね。そして、お二人の「疑問で聞き返す」姿勢が、この会話でとても有効に機能していましたよね。**どんどん質問していって、相手から情報を引き出していくことが、会話を加速させたり、思わぬ方向に転換させたりするんです。**

Bさんは、遠いところからお越しいただいていたんですね。だから「都内」に反応したんですよね。で、「カッコいい」までの流れはよかったんですが、「東のほうなので……」というおそらく謙遜したAさんの返答には、ちょっと疑問を感じませんでしたか？　せっかく東京の東側に住んでいるという情報を引き出したので、なぜ東だとカッコよくないと思うのか、東京の東側はどのようなイメージなのかとか、そこは一度質問してみてもよかったですね。ちなみに私は、東京の東側の下町、すごく好きです。街頭インタビューを集めるとき、西側の人より断然気軽に答えてくれるから。

それから、Aさんの答えにあった「でも」という接続詞は、極力使わない方がいいですね。「しかし」「だけど」「だが」も同じで、**逆接の接続詞は、相手が否定的な印象を受けてしまうので、できれば使いたくない言葉**です。特に意味なく、ついクセで使ってしまう人も多いと思うんですが、共感を得たいと思っている会話では、誰でも「だけど」とか「でも」とはいわれたくないですよね。

無意識で発しただけなのに、文脈によっては相手が不快になる危険性がありますよね。

そうなんです。これは意識さえすれば防ぐことができます。**反射的に「でも」っていわない、と決めるだけでかなり会話はうまくなります。**私も基本的に禁止にしていますが、どうしても使わなくてはいけない場合は、相手に与えるネガティブな意味合いもしっかり意識して「でも」っていいます。無意識に使う相づちの「でも」は、本当によくない。

でも……（笑）、自分から自虐的なことをいう人がいますよね。相手から「そんなことないよ」っていってほしい人というか……。その人を励ますつもりで、否定で使う「でも」もNGですか？

「でも、そんなことないよ」ではなく、ただ「そんなことないよ」といえばよくないですか？　逆接を使わなくても、自虐的な人を励ますことはできます。そして、宮城から高速バスで来たという驚きの情報に「ええっ!?」って反応したAさんはナイスですね！　思いもよらぬ答えが返ってきたら、誰でも驚く。その気持ちを素直に表して相手に「報酬」を送れました。先ほど述べた「あっ！」とか、もう少し疑問に寄せた「えっ！」って最高の相づちです。私はしゃべり手をやっているわけですが、結局この仕事は「えっ!?」っていいたくなるような話を相手から引き出すためにしているようなものですね。インタビューなんかを「えっ!?」だけで終えられたら、むしろ大勝利です。

しかも、「えっ!?」という相づちは、もっと話してほしい、しゃべって

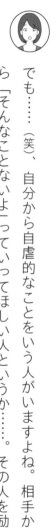

くれというメッセージを伝えながら、自分が相手の話を面白がって聞いていることも伝わるから、だいたい相手のテンションは上がります。ある意味、相手が「あっ！」とか「えっ!?」っていうタイミングを探して、あれやこれやと会話を進めている感じなんですよね。とにかく「えっ!?」が有効に使えたのはすごくいい。

そして、この流れを引き出すきっかけになったのは、Aさんが『どうやって』ここまで来たか」と聞いたことなんです。

疑問で聞いていくという原則は理解したとして、疑問にはいわゆる「5W1H」があるじゃないですか。その中でも、**「どうやって＝HOW」がもっとも会話が伸びやすい**んです。これは使いやすい武器ですよ。

武器9　魔法の言葉「HOW」を活用しよう！↓P212

「どうやって？」と聞かれると、相手は必ず自分がどうしたかを具体的に描写しますから、新しい情報を大量に引き出せる可能性が高まるんです。反対に、「WHY＝なぜ」だとすぐに話が終わってしまうことも多いですね。

「なぜ山に登るのか？」「そこに山があるから」って答えられてしまうパターンですね。

もちろんジョージ・マロリー（※3）がそう答えるのはカッコいいけど、「この前、山に登りました」という人に理由を聞いても、好きだからとか、休みだったからとか、そんな理由しかないですよね。それよりは「どうやって」を使って話を広げた方が断然いい。山登りに使った道具とか、日程の組み方とか交通手段とかについて聞くと、どんどん話が広がりますよね。

高速バスから「宮城県」という情報を得たので、たとえ関心がなくても、ここはもう少し質問を続けてもよかったかもしれない。天気の話でいえば、東京と宮城県では天気や季節の進み方が違うじゃないですか。そのあたりでも会話のラリーが続けられそうですね。

最後に、Bさんは「お尻が痛い↓尻芸できない」を2回繰り返しました。Aさんは反応しなかったけど、ここもポイントになります。Bさんがツッコミどころを用意してくれていたのに、スルーしちゃいましたね。普通の会話からだんだん熱がこもってきて、少し自分を出せたところでそれをスルーされると心が折れちゃいます。

初めての相手に対していきなり笑ったり、ツッコんだりしていいのかと思うかもしれないけれど、ツッコミって「愛のある対応」だと思うんです。少なくとも2回繰り返したということは、Bさんは絶対にツッコんでほしくて渾身のパスを出していたはずなんです。相手が自分を面白がらせようとしてきたら、たとえ自分が別のことを考えていても、早く次の話に展開したくても、１００％受け取った方がいい。

乗っかると面倒なお調子者もいるんじゃないですか？

そう、確かにちょっと面倒な人はいる。そんな人でも、人生の貴重な時間を共有しているわけじゃないですか。お互いの時間を大切にするために、勇気を出してツッコんでほしいですね。

Bさんが会話にスキを作ったのはとてもいいことだし、それは絶対不利にはならない。こういう相手の発言や変化を聞き逃さないようにしたいし、もしスルーしてしまったのを後から気づいたら、「あれ？　さっき○○っていいましたよね！」って、戻ってもいいと思うんです。

※3　ジョージ・マロリー
1886年生まれ。イギリスの登山家。1920年代にイギリスが国を挙げてチャレンジしたエベレスト遠征隊に参加。1924年の第3次遠征において頂上を目指したが、頂上付近で行方不明となった。「なぜ、あなたはエベレストに登りたいのか？」と問われて「そこにエベレストがあるから」と答えたという逸話で有名。日本語では「そこに山があるから」と意訳されて流布している。

Q 仕事なら話せるのに
プライベートだと話せない

A 相手に聞きたいことを聞いていいんです

仕事の会話はできるのに、プライベートな会話が苦手な人へ

プライベートな会話って、いわゆる「雑談」ですよね。典型的な「交話的コミュニケーション」です。柔らかくいうと「ふれあい的」コミュニケーションとなりますが、これが苦手ということですね。目的がない、当たり障りもない、深入りもしない会話です。反対が「制度的コミュニケーション」で、教師と生徒の会話、医師と患者の会話、上司と部下の会話など、話し手に制度的な立場がある場合です。

はい。今回のサロンメンバーには、このように「仕事では話せるのにプライベートでは話せない」人が多いんです。「お客様とは話せるが、同僚と話せない」「役割のない場でのコミュニケーションが苦手」という悩みもありましたね。

明確な目的がない会話、ただふれあうことだけが目的の会話が苦手、ということですよね。

苦手だし、面倒になってしまいます。目的もないのに深く話を聞くのは、相手に嫌がられるような気がしてしまうんですよね……。

そうそう、そう思いがちなんです。

急に、自分が興味のない専門的な話になっても食いつけないし、さっきの例でいえば、宮城県に対して知識も関心もないということもありえます。ただ、吉田さんもおっしゃったように、相手が自分から出している情報は、基本的に聞いてほしいわけなんです。

以前知り合った人で、「相手にあえて興味を持たないようにしてきた」という人がいたんです。相手に深入りすると失礼なような気がするというのが理由だそうです。以前の私自身も、そういうメンタルだった気がします。だけど、人に興味を持たないと成り立たない仕事を始めて長い時間が経ち、いまでは**「興味を持たれたくない人なんていない」**ことを実感しています。

私たちは、自分の作品の宣伝をしている歌手とか映画監督に、インタビューすることがあります。彼らはひとつの部屋に缶詰めになって、1日10本、20本ものインタビューに続けざまに答えているわけですが、その1人として私も話を聞きに行くんですね。だいたい、先方は通り一遍のインタビューには飽きてしまっている。そんな相手に「この映画の見所はなんですか？」なんて質問をしたら、最悪に退屈な結果になるのは、目に見えています。

以前、アニメーション監督の今敏《こんさとし》（故人）さんと東京国際映画祭での一挙上映イベントをご一緒したとき、監督に5連続でインタビューさせていただく機会があったんですが、「インタビューって、つまらなくないですか？」とおうかがいしたところ、「面白いインタビューなら何度連続で受けても全然かまわない、飽きないんです」とおっしゃったんです。それを聞いた後にはインタビュアーとしてのハードルが上がって緊張もしたけれど、私には「本当に聞いてみたいこと」があったし、監督も全然飽きずにたくさんお話をしてくださった。

白井先生がおっしゃった「聞いてほしい情報」というのは誰にでも必ずあるものだし、深く話を聞いて嫌がられるなんてことはないんです。

ポイントは、**相手にちゃんと興味を持つこと、**そして上辺の質問じゃなくて**自分が本当に聞きたいことを聞くこと、探り出すこと**です。

自分では「どうでもいいかも……」と思っていた疑問を、勇気をもって相手にぶつけてみたら、大きく話が広がったことって、本当に意外なほど多いですよ。

Q　人と距離を縮めることが苦手

A　相手の「近づきたい」と「距離をおきたい」を見極めて会話する

「自分を知ってほしい」と「距離をおきたい」の狭間の苦悩

会話において、相手がどのようなことを求めているかを探るには、イギリスのP・ブラウン博士とS・レヴィンソン博士が提唱した「ポライトネス理論」というのが役立ちそうですね。

なんですかそれ、カッコいい響き！

「ポライトネス」という単語は、一般に礼儀正しさという意味になりますが、ここでは「自分の言動によって相手からの印象を良くするための配慮」という意味になります。「ポジティブ・ポライトネス（以下、ＰＰ）」と「ネガティブ・ポライトネス（同、ＮＰ）」の２種類があり、「ポジティブ」と「ネガティブ」という言葉も一般的な意味合いとは違っています。

ＰＰ（ポジティブ・ポライトネス）とは、簡単にいうと「承認欲求」のことです。**相手から承認されたい、自分を知ってほしい、認めてほしい。そして親しくなりたい、距離を縮めたいという気持ち**です。

ＮＰ（ネガティブ・ポライトネス）は反対に、**自分が大事にしている目に見えない縄張り、パーソナルスペースを守りたい、入ってきてほしくない、自分を知られたくない、放っておいてほしいという気持ち**です。

１人の人が相反するＰＰとＮＰを併せ持っています。質問するという行動はＰＰですね。反対にＮＰでは、立ち入らないことで敬意を示すというケースがあります。神様やご神体って隠されているじゃないですか。触れない、見ないことによって敬意を表しているわけです。

確かに。御簾《みす》の後ろに帝がいらっしゃるとか、秘仏のご開帳とか。

そうです。視線を合わせないこと、距離を取ることこそ礼儀とされていて、間違っても直接質問することはできない。究極のNP的な配慮なんです。ご開帳とは、何年かに一度だけ、NPを弱めてもいいよ、というタイミングになります。お祭りで神様が御神輿《おみこし》に乗って降りてくるのも、NPが低くなる瞬間ですね。

そうだ、アイドルもある意味同じですね！　ステージと握手会での距離感の違い（笑）。つまり、相手がPPを求めているか、NPを求めているかがわかるだけでも、相手との距離感を縮めるきっかけを作れそうですね。

はい。**誰でも両方を持っている**と知るだけでも、コミュニケーションの仕方は変わると思います。

そして、この本を読んでくださっている方は、やや、あるいはかなり、NP成分が強めのグループということになりそうですね。

そうですね。**会話の相手が、今この瞬間PPなのかNPなのかを考えて対応を調整できるといい**んです。

たとえば、作業をしていたり、本を読んでいたりする人に声を掛けたとき、相手が体ごとこちらに向けるか、頭だけ向けるか、頭も動かさずに返事だけするかを見るだけでNPの強さがわかります。体ごと向ければ会話をする準備ができているし、声だけで返事するようなら会話をすることを歓迎していない可能性が高いですよね。こちらが一生懸命になってPPを向けても、相手がNPの強い状態だとうまくいきません。たまに、そういう状況を読めなくてずっと話し掛けてくる人とかいませんか？

います。忙しいのにいつまでも話を止めてくれない人（笑）。以前に某人気女優さんと番組をやっていたとき、「吉田さんはなんでそんなに距離を取るんですか？」と聞かれたことがあったんです。「仕事のときはバンバンいきますけど、そうじゃないときにドンドンこられたら嫌になりませんか？」と答えたら、「そうでもないよ」っていわれたんです。このときの私はNPを取りすぎていたんですよね。相手に立ち入らない、敬っているからこそ遠ざける、という感覚。それだと、雑談ができないんですよね。

それなら、意識してPPを使う能力を伸ばせるといいですね。そのために、具体的な行動、トレーニングすれば伸ばせる項目にまで落とし込みたいというのが今回のポイントですよね。

Q 美容院での会話がどうしても苦手

A 美容師さんに質問してエピソードを引き出してみよう

どんな相手にも面白いエピソードが眠っている

なんということもない雑談を広げていく方法は、できるだけたくさん知っておいた方がいい。そして、ただ知るだけでなく、実際に使って試行錯誤してみることがこの本の大切な目的です。

第1章でも触れましたが、多くの人が「美容院でのコミュニケーションが苦痛」という悩みを持っているということでしたが、この本で身に付ける武器を説明したり、試しに使ってみたりする場として、美容院はすごくわかりやすいと思うんです。

よほどの有名人じゃない限り、個々の美容師さんの情報って事前には集められないと思うかもしれませんが、ＳＮＳ全盛の今、自ら情報を発信してくれている方も結構います。

カットスタイルとか、ちょっとした趣味とか載せているインスタ、私も見かけたことがあります。あるんだったら絶対事前に見ておいた方がいいし、ＳＮＳ自体がもはや話題の対象に十分なりますよね。「ＳＮＳやっているんですね、載せるカットと載せないカットの基準はあるんですか？」とか、「最近ＳＮＳやっている美容師さんもいますけど、されているんですか？」とか。そこからＳＮＳは面白いとか面倒とか、写真の撮り方とか、画像編集とか、好きな有名人のＳＮＳとか、いろいろ展開していけます。

確かに私も、以前は美容院が苦手だったかもしれない。でも、今は自分が興味を持ったことをどんどん聞いています。まったく違う業界で仕事をしている人と話す機会があると、どうしても聞きたいことができてしまう。「はさみってどうやって買うんですか？　私が買いたいと思ったら、東急ハンズとかで買えるんですか？」とか「へアカラー剤ってどのくらいの期間で新製品が出るんですか?」「今回の商品は何が改良されたんですか?」とか、いろいろ聞いたりして、実はルーマニアから取り寄せたもので……なんていう驚きの情報に出会ったりしているうちに、あっという間に時間が過ぎちゃう感覚です。

新しいアシスタントの方がついてシャンプーをしてくれるような場合は、事前情報が皆無というシチュエーションを試す絶好の機会ともいえますよね。デビュー間もないアイドルを相手にしたときと同じような感覚です。「新しく入られたんですか?」とか、「出身地はどこ?」とか「ご家族にも美容師さんがいるの?」とか。「朝ごはんは何を食べた?」とか本当にどうでもいい質問をして、どんな言葉が返ってくるか待っているんですよね。

美容院でシャンプーされているとき、「どこかかゆいところはありますか?」っていう、定番の確認フレーズがあるじゃないですか。私、あれを聞くとつい「ここで『かゆいところあります! かいてください!』っていう人、本当にいるんですか?」って聞いてしまう。実際ほとんどいないだろうけど、いたらいたでその話を聞きたいじゃないですか。そうしていろいろ話していたら、初めて担当してくれた若い方から、最新のビジュアル系バンドの話につながったこともありました。美容師さんからエピソードを引き出しちゃいけないって、無意識に思っていませんか？　そんなことありません。

どのような人であろうと、その人生はまるで本のような存在で、オリジナルのエピソードでできていない人はいないんですよね。少なくとも私の人生とは相当違う部分があるはずです。美容師さんを「美容師」という職業だけで見るのではなく、目の前にいる一人の人間としてみれば、いろいろと聞きたいことが出てくるのではないでしょうか？　年代、性別、職業、出身地、趣味……何でもそうなんですけど、同じ時間を同じ町で生活しているわけですから、相手が人類でありさえすれば、必ず会話はできます。事前に相手の情報を知っておくことも大切ですけど、その場での対応だからこそ、面白い展開が待っていることもあります。それは、誰でもできることなんです。その武器となるものを紹介していきます。

Q 雑談がなかなか広がらない

A 相手が話し始めるまで質問を続ける

「答えやすい質問」は自分も相手もラクにする

初めての相手でほとんど事前情報がない場合、自分との共通点や相違点がわからない状態にあります。さすがに性別くらいはわかるかもしれませんが、もはやそれさえ確実ではないかもしれない。

ここでまず有効なのは、**「誰でもが考えずに答えられることを聞く」というテクニック**です。「ご出身はどちらなんですか?」という質問は、2つの点で優れているといえます。当たり障りがなく失礼になる可能性が極めて少ないこと、そして誰にでも「出身」はあるというこ

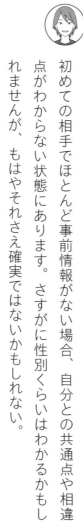

とがポイントです。あちこち引っ越しして、出身地が定かでない人もいるかもしれませんが、それはそれで貴重な情報です。

もうひとつは、時事問題や最近話題になった出来事を聞くこと。先ほど出てきた「ラグビーワールドカップ」の話題でも、流行っている食べ物の話題でも、とにかくほぼ誰でも知っている話題であれば、少なくとも1往復の会話は成立します。

「ご出身は？」↓「○○です」↓「はあ、そうですか…」で終わっちゃうんですが……。

そういうこともありますよね。相手側がまだ話すための心の準備ができていない場合もあれば、相手も初対面の人が苦手かもしれないから、すぐにいろいろ情報を出してくれるとは限らないわけです。そんなときは、こちらから話を広げる必要があるのですが、**自分がしたい話を、まずは相手にしゃべってもらうという武器がある**んです。

武器13　自分が話したいことをまずは相手に質問してみる↓P232

もし自分の地元の話がしたいなら、あるいは地元の話ならできるという自信があるなら、

「ご出身はどちらなんですか？」↓「宮城なんです（黙る）」

↓「そうですか、私は山梨なんですけど……」

という形につなげればいいんです。

山梨のことなら、自分の出身地として話せることはいくらでもありますよね？　その中から、相手が興味を持てそうなことを探していくんです。富士山や富士五湖に遊びに来たことがあるかもしれないし、富士急ハイランドの絶叫マシーンに乗ったことがあるかもしれない。名物の巨峰やほうとうを食べたことがあるかもしれない。マンガやアニメに詳しい人だったら『ゆるキャン△』（山梨県周辺を舞台にしたマンガ・アニメ作品）ということも、歴史好きなら武田信玄ということもあるかもしれない。相

手が話し出しそうなテーマを見つけたら、まずはそこから広げていけばいいわけです。ちょっと脱線しますが、海外の方と話をするとき、「日本」について聞かれることがよくあります。相手があなたのことを知りたいと思ってるパターンだって、かなりあるはずです。

第1章で紹介した悩みに「初対面の人と何を話していいかわからない」、逆に「むしろある程度知っている人との会話が苦手」といったものがありましたよね。正反対に見える悩みですが、なんと同じ方法で改善できるんです。ちょっと根性論っぽくなってしまいますが、**とにかく腹を決めて質問を続けて相手が話し始めるのを待つ**んです。富士山から登山の話になるか、巨峰からワインの話になるか、武田信玄からゲームの話になるかはわからないけれど、必ず乗っかってくるポイントがある。そこで間違えてはいけないのは、**相手が話し始めたらその流れに任せること**なんです。

私が会話の分析ができるようになったのは、どこで相手が食いついて、自分のことを話し始めたかを常に注意深く観察したからなんです。

Q　つまらない質問しかできない
A　相手の「空白」について質問してみる

世の中に、つまらないことなんてない

私にとって、会話のテクニックをフルに発揮できるヤマ場は、ザ・クロマニヨンズの甲本ヒロトさんと真島昌利さんへのインタビューなんです。だいたい年に一度ゲストにお越しいただく機会があるんですが、彼らはアーティストなのにインタビューで自分の音楽を語るつもりはないし、ありふれた、上っ面の質問にはまったく乗ってこない。スターのお二人に関しては山のように情報があるけれど、それを事前に仕入れていてもどうにもならないんです。でも、こういう場合の武器も

あるんです。

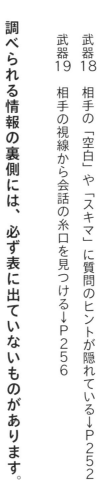

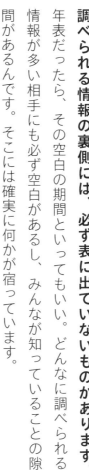

武器18　相手の「空白」や「スキマ」に質問のヒントが隠れている↓Ｐ252
武器19　相手の視線から会話の糸口を見つける↓Ｐ256

調べられる情報の裏側には、必ず表に出ていないものがあります。年表だったら、その空白の期間といってもいい。どんなに調べられる情報が多い相手にも必ず空白があるし、みんなが知っていることの隙間があるんです。そこには確実に何かが宿っています。

答えを知っていても、一応ひと通り聞いてみるのはアリですか？

知っていることを聞くのって、つまらなくないですか？　**知っていることを聞くのは、「取り調べ」**だと思うんです。

警察は容疑者にいろいろ聞きますよね。でもそれは、彼らが調べた結果と供述を突き合わせるという目的があるからで、自分が楽しみたいわけではは絶対にないし、相手の気持ちを考えたりしているわけでもない。私たちがしたい会話は、なんだか心が通うようなやりとりであって、取り調べではないんです。知っていることを知らないフリをして会話することを勧める会話術もあるけれど、誠実に感じられなくて、私は好きではありません。

先日ゲストに来ていただいたときには、ザ・クロマニヨンズのお二人には、島根県の隠岐島に行ったときの話を聞きました。私は「行った」という事実だけを知っていて、何をしたかは表に出ていなかった。すると、甲本さんの虫の話が始まったんです。甲本さんは虫の歌も作っているし、自宅にたくさん虫の標本がある。そういう虫の話から広がって真島さんのキーホルダー集めの話が出てきて、すごく楽しい雑談になりました。これは、空白を探ることで、お二人の話したい内容にたどり着けたからだと思うんです。

私は、**この世につまらないものなんてない**という気持ちがベースにあります。京極夏彦さんとご一緒したときの「この世につまらない本は1冊もない」という言葉がとても印象に残っています。とはいえ、「駄作はあるんじゃないですか？」と質問したら、「駄作がなぜ駄作になったかにはすごく興味がある」っておっしゃったんですよね。確かに自分も含めて誰かの失敗談は、常に面白い。この発想があれば無敵です。

Q 自分が詳しくない話題だと尻込みしてしまう

A 「先入観」や「決めつけ」をぶつけて相手にしゃべらせる

「知らない」は弱点ではなく、最大のチャンス

相手の話している話題に自分が詳しくないと、心理的なブレーキがかかってしまいます。

自分が知らない話題を掘り下げるのは、失礼だと思ってしまいます。

私にとってはまったくの逆で、**「知らないこと」**が出てきたら大チャ**ンス**だと思っています。

タモリさんという、日本で一番長い間、そして一番多くの人と、雑談をしてきた方がいます。毎日現れる新しい相手についての情報を、すべて調べ尽くすのは無理だったはずです。

ゲストに話してもらわなくてはいけないコーナーで、タモリさんはどうしていたか？　ある俳優さんが「犬を飼っているんです」といったら、「へー、犬っていうと、最近はシベリアンハスキーが流行ってるんじゃないの？」と聞いていました。

すると、普段あまりしゃべらない俳優さんが、「いえ、ハスキーが流行ってたのはちょっと前で、いまはゴールデンレトリバーが流行ってるんですよ」「へぇ、ゴールデンレトリバーはどんな犬なの？」と、**自分が知らないことを武器にして、そして勝手な思い込みを使って、知らないことをどんどん掘り下げ始める**んです。

武器5 「先入観」や「勝手なイメージ」をぶつけてみる↓p198

わざと決めつける、間違えるという武器もあります。これは強力です。

「出身って東京でしたよね？」「ロックとかお好きそうですよね？」といった具合に、何の根拠もなく、勝手に決めつけてしまう。**人は、間違った情報を訂正するときに、一番しゃべる生き物なんです。**想像してみてください。あなたが、実は社会人なのに、学生ですよね？とか聞かれたら、社会人としての自分について、話し出したくなりませんか？

知らないから教えてほしいとか、相談したい、というアプローチもありですか？

いいですね、それも使えます。知らない↓教えを受けたい、という流れを頭に入れておくだけで、いつでも使える武器になりますよね。

武器16　知らないことを「教えてもらう」ことで会話が進む↓P244

私は、「あっ！」や「えっ？」の使い方と同じように、**「何ですか？　それ」という切り返しもよく使います。**

これを説明する最適な例は、阿川佐和子さんが聖飢魔Ⅱのデーモン閣下に「ヘヴィメタってなに？」とインタビューしたケースです。阿川さんの著書『聞く力　心をひらく35のヒント』（文藝春秋）にも出てくるエピソードなんですが、ヘヴィメタで身を立てた人に「そもそも論」をぶつけてしまうのってすごいと思いませんか？　聞かれたデーモン閣下は、おそらくヘヴィメタをまったくわからないであろう阿川さんに、懇切丁寧に説明を始めるんです。その説明は、ヘヴィメタに詳しい人が聞いてもとても新鮮だったり、本質的だったり、面白い解釈ができたりするから、インタビューとして名作になっています。

こう考えると、詳しくないからってブレーキを掛けてしまうのではなく、むしろ**「知らない、わからない」状況って、雑談においては価値でしかない**ということだと思うんですよ。

私自身にも経験があります。今は東北楽天ゴールデンイーグルスのゼネラルマネージャーの石井一久さんが、メジャーリーグで現役投手として活躍されていたとき、シーズンオフに「石井一久のオールナイトニッポン」が何度か放送されたんですが、その相手役がなぜか私だったんですね。なぜ野球に詳しいスポーツアナじゃなくて、私なのか不思議だったんですけど、スタッフにいわせると、スポーツアナでは聞けない内容がたくさんあるんだというんです。野球を知らなくて不思議のない私が質問するからこそ、聞けることがあると。たとえ私がしくじっても後の仕事に影響がない、という理由もあったそうですが……。

もうひとつ、映画「アベンジャーズ」のプロモーションで来日していたサミュエル・L・ジャクソンさんにインタビューしたときのことも思い出します。

これはもともとあるアーティストさんのオールナイトニッポンで「サミュエル・L・ジャクソンの間に入っている『L』って何だ?」という話になって、なぜわざわざ「L」を入れるのか、という話題で盛り上がったんです。最後は「そのLをください」と私がいいに行くという流れになって……。いや、まともに考えたらすごく怖い話ですが、でも本当になぜ「L」が入るのかわからなかったし、最悪、めちゃくちゃ怒られたとしても、私の仕事がなくなることはなさそうですよね。

サミュエル・L・ジャクソンさんは本当にいい人で、面白がって説明してくれました。そんなこと聞く人、普通はいないですよね。おかげで「Lをください」という謎のミッションに「イエス！」と応えてくれたし、ファーストキスがいつだったか、なんていう、まず普通のメディアでは聞けない話までしてくれました。後で同行していたディレクターに聞いたら、後ろに立っていたマネージャーさんがすごく怖い顔をしていたらしいですけれど（笑）。

とにかく、**「知らない」という武器の有効性はすごく高い**ということです。私の挙げた例は少し極端だったかもしれませんが、気が引けるようなら、聞く前に「知らなくて失礼なのですが」と断ればいいだけです。今この瞬間まで知らなかったけれど急に気になった、という状況は、実はすごくありふれているんですよね。わかりやすくいうと、日本に来たばかりの外国人に日本の風習やルールを聞かれて、別に嫌な気はしないし、むしろうれしかったりもするじゃないですか。それと同じです。

「相談する」というスタイルも同じですよね。これも有名なエピソードがあって、大宮エリーさんが矢沢永吉さんにインタビューしたとき、大宮さんが「モテなくて悩んでいる」という恋愛相談を延々する形になっていて、すごく面白くなっていました(『SWAK 2012-13 AW』日販アイ・ピー・エス)。これは、白井先生のおっしゃっていた制度的コミュニケーション風のシチュエーションを活用しているといえますね。交話的コミュニケーションが苦手な人は、生徒が先生に相談するという「制度」の体《てい》で会話をしてみるのは、すごく良い方法です!

武器6　「相談する」というスタイルは万能!↓P204

ちなみに、ニッポン放送では「テレフォン人生相談」は不滅の大人気長寿番組です。相談するという方法は鉄板です。**誰だって相談したいことのひとつやふたつありますし、人から相談されたら、よほど何かない限り助けてあげたいと思うのが普通**

です。特に期待することもなく、雑談の材料として相談してみて、思わぬ悩み解決のヒントが得られれば最高です。さらに、話の中から相手が別の情報を出してくれれば儲けものです。

その相手の得意分野を知っていると、相談しやすいかも?

そうそう、本当にそうですね。「○○に詳しいとうかがっているんですけど、相談していいですか?」と、事前に調べておいて相手が持っている経験に頼る、という入り方はいいと思います。逆の立場になってみれば、自分ができるなら、喜んで力を貸したいですよね? 鉄道に詳しい人に、旅行の計画とか相談したら、嬉々として話してくれますよ! ちなみに極端な例ですが、女性に「今度女装しなくちゃいけないんですよね…」なんて相談すると、みんなむちゃくちゃ楽しそうに相談に乗ってくれます。

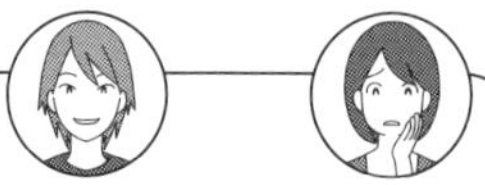

Q 自分が今どんな状態で会話しているのかわからなくなる

A 「タイムライン」と「ドローカード」で会話をモニタリング！

会話を制するカギは「タイムライン」と「ドローカード」

いろいろと悩みを解消するアイデアを述べてきたんですが、「質問→答え」という個々のやりとりはできても、会話は1本の流れになっているので、それらをどうつなげていくのかが難しいところかもしれません。

第1章で「コミュニケーションはゲームだ」と述べました。そしてゲームを有利に進めるには武器があるといいし、武器があれば勇気が出るということも説明しました。

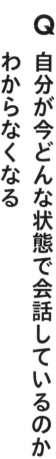

そして、このゲームには勝ち負けがなく、終わりもなく、参加者が満足している限り、無限に楽しく続けられます。この考え方を実際の会話においてどう実践していくか。その具体的な方法を説明しましょう。

キーワードは「タイムライン」と「ドローカード」の2つで、これを掛け合わせていきます。これこそ、この本の軸になるテーマです。**「タイムライン」はその名の通り「時間の流れ」のことで、「ドローカード」は質問の内容が書かれている「手札」のことです。**

まずは「タイムライン」ですが、今回サロンに参加してくださった方たちの雑談から偶然出てきた言葉で、私が普段考えていることにピッタリはまったので、この本で積極的に使っていくことにしました。

私が、しゃべり手・聞き手として誰かと会話を始めるとき、絶対に無視できない条件があります。それは、与えられた時間です。

「30組のアマチュアバンドが参加する3時間のイベント」と、「1対1でやりとりする3時間のラジオ生放送」を比べてみます。両方をまったく同じやり方で会話するわけにはいきませんよね。

30組のアマチュア参加イベントなら、紹介するために与えられる時間は1組当たりせいぜい1分程度でしょう。最低限名前や曲名は聞かなければなりませんから、使えるのは実質は数十秒です。その中で、できるだけその人が緊張せずに結果を出せるように、なおかつ個性が引き立つように、そして観客が興味を向けてくれるようにインタビューをすることを心がけます。

一方、1対1の3時間の生放送であれば、冒頭30分くらいはムダ話をしてもまったくかまわないわけです。それこそ天気や季節の話、世間を賑わす話題から始まって、最近起きたちょっとしたことを語ってもらいながら、相手が今日一番話したいこと、その中でリスナーが聞きたそうなことを、余裕を持って掘り下げられます。

こうやって、**時間を俯瞰で把握するのが「タイムライン」**です。

もうひとつは、「ドローカード」です。ドローとは引き抜くという意味で、カードゲームが好きな方ならピンとくると思いますが、要するに自分が山から引いてくるカードのことです。会話において、**相手が情報を出してくれるのって、この「ドローカード」の感覚にすごく似ています。**

あらかじめ手元には自分の「手札」もあるわけです。これは、事前に調べられた情報に当たりますね。調べてみたけれど「空白」になっている部分も「手札」といえるでしょう。有利にゲームを進めたいなら、あらかじめ有効なカードをたくさん持っている方が絶対にいいし、ゲームを進行しながらさらにすごいカードをドローすればよりゲームを楽しめます。なお、この本で紹介していく「武器」とは、カードのこと、もしくはそのカードの使い方やカードを引く方法のことです。

40秒しか時間がなければカードを切るのは1回できるかどうか。逆に3時間あるなら、カードを切る方法はいっぱいありますし、ドローもし放題です。でも、カードが手元にないと、3時間もゲームをするのはつらいかもしれませんね。**自分がしている会話がどういうタイムラインになっているのか、どんなカードが手元にあるのかを常に把握できていれば、会話をゲームだと捉えられるはずです。**

武器10　定番ネタを掛け合わせて疑問形で話そう↓P218
武器11　相手ならではのカードが引けるまで定番ネタでつなぐ↓P222
武器18　相手の「空白」や「スキマ」に質問のヒントが隠れている↓P252

Q マウントを取りたがる自分の心を何とかしたい

A マウントを取りたくなるのは自然なこと ある意味「一生懸命」な証拠！

マウントを取るのは、生物の本能だった

実は私、マウントを取りたいと思ってしまう自分に、気づいてしまっているんです。

うわっマジかよ、と思った人はごめんなさい。いちおう言い訳をしておくと、たぶん人様に迷惑をかけるようなことにはなっていませんが、心の中にはどうしてもマウントを取りたい自分がいる自覚がある。

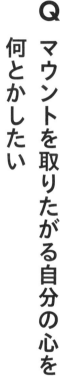

たとえば、お仕事を通じて親しくしている（とこちらは考えている）アイドルや声優さんの結婚を、直前にお目にかかる機会があったにもかかわらず後からニュースで知ったときに、「なんで私に教えてくれなかったんだ……」と思ったりします。

「吉田さん、いつもお世話になっているのであらかじめお知らせしておくんですけど、実はあさって、かくかくしかじかの発表が……」

「えーっ！　それはそれは、おめでとうございます！　いやぁ知らなかったなぁ」

みたいに、事前に教えてもらいたかったなぁという気持ちが出てしまいます。ご本人にはいいませんけど。

自分でも実に浅ましいと思うんですが、人より上位にいたいという形ではないけれど、**「大切に思われたい、重く扱われたい、重要人物として処遇されたい」という感情**は否定できません。

コミュニケーションにおいては、この意識はすごく邪魔な存在です。自分が誰かにとって大切だと思われたいがために、ないがしろにされると冷たい気持ちになってしまう。この悩みについては、あなたにもマウントを取りたい気持ちがあるかもしれないし、取りたがる人のせいで迷惑を受けているときの対策にもなるはずです。

たとえば、キャバクラってマウント大会です。お断りしておくと、お付き合いや話の流れで相当前に行ったきりですけど、たまに行くと、そこらじゅうで「オレすごいんだよ」の繰り返しなんです。そういうとき、私自身の「マウント」問題にも気づかされてしまう。向後先生、いかがでしょう?

マウントを取りたくなるのって、ごく自然なことだと思いますよ。私はアドラー心理学の専門家という立場で呼ばれていますが、最近は「進化心理学」がめちゃくちゃ面白いんです。研究自体は80年代から始まっていたんですがなかなか世間に受け入れられず、最近やっと本が

出てきたんです。

どういうものなんですか？

生物は何百万年かけて進化してきたわけですが、**人間の脳の大きさはこの1万年ほど、ほぼ変わっていない**らしいんです。つまり、現代人である我々は、農耕以前の木の実を拾ったり、イノシシを見つけて追いかけたりしていた狩猟・採集時代と同じ認知システムで生きているということなんです。当時は、マウントを取ることがまさに死活問題だったんですね。特に男にとっては。

男は元来、マウントを取るものなんですね。

そう。なぜなら、女性は限られているから。女性は男を選べるけれど、男は競争の果てにしか女性を獲得できないんです。力がある、財力が

ある、優しくできる、権威がある……そんな競争社会の「マウント」が今まで生きているわけです。**マウントはナチュラルで、原始人的なものなんです。**

脳というハードウェアは1万年前から変わっていなくて、本来的な「マウント」が残っていて、今になってみるとちょっと不具合に感じてしまう。

いえ、不具合でもないですよ。マウント欲求のおかげで多くの人が上昇志向を持ったり、功名心を争ったりするわけですから。ファッションに気を使ったり、高い車や時計を買ってSNSに載せたりするのもマウントのせいかもしれないけれど、新しいことを発明したり、新規ビジネスを起こしたりするのもまたマウントあってこそなんですよ。そのモチベーションの源泉は、女性に対するアピールなので、自分をよく見せようという気がなくなったらピークアウトしてしまうんです。

ということは、結婚する前くらいまでが、パワーの使いどころなんですか。そんなこと、考えたこともなかった……。

実は、科学でも芸術でも、大傑作、大発明、大発見をした人の年齢を調べると、だいたい思春期終わりから成人前期なんです。20代ぐらいまでにピークがきて、そのあとは、まあ惰性なんですよ。女性にいいところを見せる必要がないから。進化心理学は、そういうことをまじめに議論するんです。

かの有名な建築家・ガウディは生涯童貞だったといわれていますよね。

そうなんですか？　それは知らなかった。

それでサグラダ・ファミリアとかを造っちゃうというのならわかりや

すいですね。マンガ家の永井豪先生も、ものすごいですよ。当時、センセーショナルなエロをマンガに投入していたのは、先生が童貞だから描けたというんです。当時の編集者の一番大切な仕事は、永井豪に女性を近づけないことだったという（笑）。今の向後先生のお話を聞くと、その対策は間違ってなかったかもしれない。

ですね。結婚して安定すると、そういう傑作は出ないのかもしれない。

ということは、進化心理学的には、マウントを取りたいと思っていると良い仕事ができるということなんですね。

だから、相手にマウントを取られて嫌な思いもするかもしれないけど、基本的にはそのままにしていていいと思います。

マウントを取る人も、マウントを取りたがる自分も変える必要はない

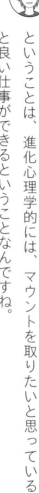

ってことですね。迷惑をかけられている人は、相手を原始人だと思えば、少し溜飲が下がるかもしれませんね。

もうひとつの見方としては、マウントを取る人って「一生懸命」だな、地位を上げるために努力していてかわいいところがあるな、と思えばいい。

そうか、**原始人が一生懸命生きている**と思えばいい。だいぶ受け入れやすくなった。そして、私は原始人ですね……!

武器23　マウントを取られたら「すごい!」と奉ってしまおう↓P272

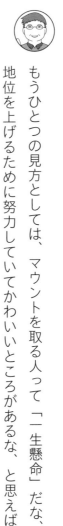

Q　女性がマウントを取る目的は？

A　パートナーを逃がさないため！

格差社会はマウント社会？

反対に、女性のマウントにはどんな意味があるんですか？

確かに、女性にもマウント問題はありますよね？　どちらかというと女性同士で取り合うことが多いのかな。

男性は１人の女性をめぐって競争しますが、進化心理学的には、女性は自分が結婚して子孫を残せれば勝ちなんです。パートナーがいるこ

と自体が、自分の価値を高めるわけですね。

彼氏や夫がいることは、やはり女性にとってはうれしいことになるわけですね。でも、パートナーが、ただ「いればいい」んじゃなくて、やっぱり成功したIT社長とかがいいよね、ということにならないんですかね？

原始人の女性にとっての成功とは、パートナーを見つけて子孫を残し、その上で自分と子どもをパートナーがずっと援助、保護してくれることなんです。女性同士でマウントを取っているように見えたり、やたらと彼氏や夫を周囲に見せたがるように感じられたりするのは、自分から逃げられなくするためなんです。**自分のパートナーだと証明し続けることが大事**になるわけです。

すごい話だ。男性が、他の女性に逃げる可能性があることが前提なん

ですか？

進化心理学の研究者たちがいうには、**基本的に人間は、昔から今までずっと一夫多妻制**なんです。イスラム教世界は、今も一夫多妻ですね。日本やアメリカ、欧州などでは制度的には一夫一妻制ですが、それは見かけにすぎないというんです。簡単に離婚できる社会というのは、実質は一夫多妻ということなんですね。

2回離婚して再婚した人は「一夫三妻」と数えるほうが自然だと。

それが理にかなっているんです。反対に、子孫を効率的に残すためには、飛び抜けて優秀で財力がある男性を複数の女性で分割・共有したほうがいいんです。

おお！　ということは、ごく普通の平凡な男性は必要ないと……。

そう、下層の男性は危ないですよ。格差社会であればあるほど、一夫多妻になる傾向があります。それほど格差がない場合は、男と女が全部マッチングできて一夫一妻に近くなるので、種族としての繁栄を考えたら、格差は早く解消したほうがいいかもしれませんね。

怖い、怖い。こういう質問もアレですが、下層の男性はどうすればいいのでしょう。

あまり答えがないな……。今後も結婚できない人たちは増えていくと思います。ただ、格差が広がったことと、マウントを取る人が増えてきたということの関連は、現象としては説明がつくように思います。がんばって下層から抜け出したいということの証明でもありますよね。

 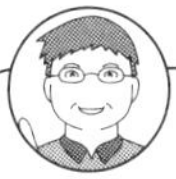

Q マウントを取りたくなったら どうすればいい？

A 自分ができることを「貢献ポイント」にする

「私、すごいでしょ！」を貢献に変えればいい

マウントを取りたくなるのは自然なことだということなんですが、自分には本当に必要なのか、実はいらないんじゃないか……。捨てる方法があるのか、捨てなくてもいいのか……。個人的な質問ですが、向後先生はマウント取りたいですか？

取りたくないです。だって、疲れるよね。常に勝たなきゃいけないん

ですから。マウントを取りたがる人はよくやってるな、と思います。

昔からそうでしたか？

20代前半の頃は、やっていたかもしれないね。やはり、若い時期は、パートナーを得るためにまわりに勝たなければいけないですから。だから今はもう、する必要がないんですよ。このあたりは、年齢と関係あるんでしょう。

最近は、ある程度年齢を重ねても結婚しない人もいます。そういう人が、「何くそ！」と思うパワーを何かに振り向けること自体は間違っていないですか？

間違っていないです。

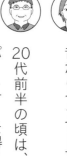

そうか……ならば、マウントを取りたがることとコミュニケーションの話は、切り離していいということになりますね。マウントを取りたいという気持ちを、捨てる必要はなさそうですよね。

はい、ありませんね。うまく使えればいい。

吉田さんがよくラジオで「古参ぶりたい」という話をしているけれど、それは結局マウントの話と同じことですか？

そうそう、そうなんです。私の方が早く見つけた、古くからのファンなんだぜ、初回から生で見ているぜ、みたいなアピール。そして、そういう自分が問題だと思っています。

それは新興宗教などの社会と同じですね。教祖様は不動だけど、彼を信じて下に付いている人たちは、その中でポジション争いを始めるん

です。

これもマウントの一種といえるでしょうけれど、アドラー心理学では、「所属」したい、という感情だと捉えるんです。この概念がアドラー心理学では一番強い。なぜかというと、人間は一人では非常に弱いので、他の人たちと協力せざるを得ない。それが社会、共同体になるわけですが、共同体の中で自分の居場所があるかないかは死活問題です。あなたの居場所はないといわれたら、死ぬしかないわけです。常に自分が所属する共同体があって、そこにおける自分の居場所が広ければ広いほどいいし、安心できます。そしてオレの方が広いぞ、お前とは違う、と見せつけて自分の所属を再確認したがるんです。

所属したいがために古参アピールしているのか……。それって、たとえ所属できても、まわりからはぜんぜん好かれないですよね。どうすればいいんでしょう?

共同体の中でアピールするのって、「私はすごい人だ、有用だ」ということじゃないですか。それを「貢献できる」という形に変えていければいいんです。

ある共同体をいいものだと感じれば、絶対に所属したくなりますよね。人にとっては「家族」という共同体が最初ですね。学校のクラスは一応共同体ですが、所属したくないと思う場合もあります。先生が嫌い、いじめっ子がいる、などの理由でその共同体を出ることもあり得ます。ただ出ただけでは孤立してしまうので、別の共同体を見つけて、そこに新たな居場所を求めるんです。人は誰でもこの繰り返しです。

この過程でマウントを取りたくなったら**「私はこの共同体にこういう形で貢献できる」というプラスの形に変えて表に出し、実際に行動してみる**ことです。すると、まわりからの反応は「いけ好かないマウント人間」ではなく、「あの人は私たちの共同体に必要な貢献ができる人」に変わるはずです。

武器22　マウント感情を「アピール」から「貢献」に変える↓P268

これは武器化したいですね！　自分がマウントを取りたいな、と思っていると気づいたら、「自分の脳は原始人なんだ」と認識した上で、貢献しようと切り替えるということですね。ここから急に本来のテーマであるコミュニケーションに寄せていくんですが、先生のおっしゃった**「所属」を実現し、その恩恵として体感できるのは、まさにコミュニケーション**ですよね。

そうです。その通りだと思います。

貢献したい、と思うことそのものがマウントと捉えられがちのような気もします……。

「あいつ、マウント取ってるよね」というのも、客観的にはマウント

の一種ですか？

そうですね。結局マウントそのものの存在を、肯定できればいいんですよね。

共同体に所属しようとする人間が、自分がまわりからどう見られるかを気にするのは自然なことなんです。それもある意味マウントなんですが、自分で自分を評価したところで、まわりからは認めてもらえないですよね。でも、**ひたすら共同体のためを思って動けば自然とまわりが評価してくれる**ようになります。断然、後者の方が印象はいいですよね。

たとえば、「百万円寄付しました」と自分でツイートする芸能人は、売名行為だと批判を受けるかもしれませんが、寄付を受けた側が感動した話としてつぶやけば、どんどんリツイートされて拡散しますよね。「オレはすごいぜ」と自分でいってしまうのは基本的にウケないんです。

百万円寄付したという事実は同じなのに、偽善ととられるか、神対応ととられるかが変わってくるんですね。

進化心理学でいうと、その行動が本心からなのか偽善的なのか、微妙なニュアンスを見分けるために脳は発達しているとされています。これも、敵味方の識別のための能力ですね。人間は簡単にウソをつくので、表情に加えて、言葉の内容、行動、態度などあらゆる情報を総合して、本心か偽善かを見分けてきたんです。

ウソつきや偽善者が入ってくると、共同体が滅びてしまうということか……。

共同体に「貢献する」という能力が身に付いていないと排除されるわけですよね？　共同体に所属できていない人ほど、そういう経験が少ないのに……という不安があります。

端的にいえば、学校教育こそが、共同体での振る舞い方の経験を積む場所なんです。計算や読み書きと同じように、周囲とのコミュニケーションのスキルも学べるわけです。

その時点で失敗してしまった人、つまずいてしまった人は、どうすればいいんでしょう？　あ、アドラー心理学では「失敗」という言葉は使わないんですよね？

失敗はいいことですよ。所属できる共同体は、1つじゃない。自分が思うよりもたくさんあるということです。どの共同体でも、人間関係なんて簡単にいくものではありません。**どこかでうまくいかなかったとしても、自分に合うところを探して移ればいい**。そうやって、あちこち移ることは自然なことなんですよ。

その考え方はすごい！　確かに、共同体はむちゃくちゃたくさんありますね。自分が知らないだけで、生きていく場所はいっぱい見つかるんですよね。「人間《じんかん》到る処《ところ》青山《せいざん》あり」（※4）なんだから、いろいろ試してみて、この共同体はダメだと思ったら、**くよくよせずに「次行こう次！」**と思えればいいんだ！　そのときこそ、コミュニケーション用の武器の出番ですね！

※4　人間到る処青山あり
人はどこで死んでも青山（墓となる地）とするところはあるので、故郷を出て大いに活躍するべきである、という意味。出典は幕末の僧、月性の「清狂遺稿」。

Q 自己紹介が苦痛でしょうがない！

A 名前よりも「得意なこと」でアピールしよう！

自己紹介では「得意なこと」を伝える

「自己紹介して」というシチュエーション、めちゃくちゃ苦手だと感じませんか。転校でも、入社でも、サークル加入でもいいんですが、人生には、自己紹介をしなければならないときがあります。大勢の知らない人の前で、視線を一身に受けて、何かしゃべらなければならない！　どうします？

「○○です……どうぞよろしくお願いします」が精いっぱいかも……。

ですよね。会話のタイムラインでいえば、自己紹介はそれほど長くなさそうですけど、自分に関するカードを、他の人に一斉にドローしてもらう機会です。ただ、変なカードを配ってしまうと長い間引きずるリスクがある。そんな大事なものなのに、誰も正しいやり方を教えてくれないんですよ。

自己紹介も共同体に入る儀式みたいなものと考えると、「貢献」で入ればいいのではないかということになりますが……。

考え方は理解できるけど、具体的にどうすればいいかはわかりません。

貢献したいと考えるのであれば、自分の得意なことをいったほうがいいですよね。**どういうことで共同体に貢献できるのかを、最初に宣言しておくわけです。**

たとえば、「○○です。どうぞよろしくお願いします」にひと言だけ加えて、「○○です。鉄道のことならめちゃくちゃ詳しいです。どうぞよろしくお願いします」と変えてみる。その場で「オレも鉄道好き」という人が出てくるかもしれないし、「来週××まで出張なんだけど、行き方はどうすればいい？」といった質問が出てくるかもしれない。電車なら○○さんに聞こう、という流れを作るチャンスです。「アイドル大好きです」といえば、年頃の娘さんと話を合わせたい上司がネタを仕入れにくるかもしれない。

「ドローカード」思考でみると、単に「よろしくお願いします」だけよりも、「●●が得意です」とアピールしておくと、周囲にいいカードをドローさせやすくなる、ということなんです。まわりの人があなたにとって有利なカードをドローしてくれれば、その共同体で生きていく難易度が下がっていって、楽しくなりますよね。

自己紹介ではまず名前を名乗りますが、本当は名前なんてどうでもいいのかもしれないですね。**貢献できること、得意なことを伝えるほうが断然大切**なんです。

武器7　「共同体への貢献」をアピールすることがポイント↓P208
武器8　自分の「話したいこと」「得意なこと」から話し始めよう↓P210
武器13　自分が話したいことをまずは相手に質問してみる↓P232

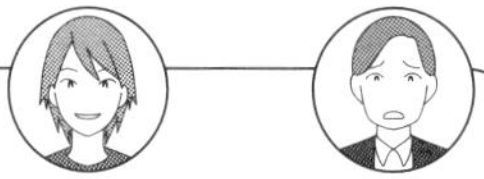

Q 自分のキャラをどう作ればいいのかわからない

A 「弱点」「欠点」からキャラ＝ツッコミどころを作っておく

弱点や欠点は財産である

貢献をアピールすることの逆パターンが、「弱点を見せること」です。弱いところを見せるのが苦手だという人も少なくないと思いますが、私は弱点や欠点をいじられることは「ラッキー」だと考えています。たとえばタレントさんや芸人さんがいじったりいじられたりしているのって、見ている方、聞いている方には、楽しさや面白さに変換されていますよね。お互いが十分にわかりあえている中で弱点をツッコみあうのは、いじめではないわけで、**弱点や欠点は武器になります。自分の「キャラ」がわからないという人もいますが、キャラは「欠点から作る」といいんです。**欠点、ツッコミどころは、実は財産なんです。

私がオタクなのは本当ですが、好印象を持たれようと思っていっているわけじゃないし、芸人さんならハゲ、デブ、チビだったならラッキーという具合です。太っている芸人さんに、「そんなに太ってないですよね」といったら「営業妨害は止めてください!」といわれたこともあります。自分がコンプレックスと感じていることは、和やかにコミュニケーションすることを考えたら大きな武器です。めちゃくちゃ体調は良いのにいつでも顔色が悪い、という私の見た目の欠点は、自分からいうことがよくあります。

マウントを取ろうとすると煙たがられるのとは対照的に、弱点を見せる人は親しみを持たれ、歓迎されます。弱点を見せること自体が、共同体における貢献なんです。

「弱点」はあらかじめ準備できる手札だから、常にいくつか持っていると心強いですね。面白がってもらえるかどうか試しながらバージョンアップしていけるといいと思います。ちなみに現在の私、44歳という割といい大人なのに、今日、財布に現金が16円しかないんです。いや、大丈夫かオレ？　って思うんですけど、これはツッコまれやすいですね。「水1本も買えませんね」「逆に何がどうなって残金16円になったんですか？」いやもう、恥ずかしい話しか出てこない。さらに、「いくらを下回ると不安になりますか？」とか、「必ずお財布に入れているもの」「その財布を選んだ理由」「財布は何年くらいで買い換えるか」「財布に限らずいつも必ず持ち歩いているもの」などなど、たくさんのカードをドローすることもできたりする。

弱点や欠点は、相手がツッコめる「スキを作る」ということなんです。欠点って他人からは指摘していいかどうか迷いますが、自分が積極的にアピールしていれば、まわりは「ツッコんでいいんだ」とわかります。「ハゲでーす」と自分の欠点を明るくいうのはツラいかもしれませんが、それは最初だけ。その後は何度も使える有用なカードとして、あなたを楽にしてくれること間違いなしです。しかも弱点は1つじゃなくていい。「人の話を聞いていない」でも「体が弱い」でも「お酒飲めない」でも、すべて会話のきっかけになるんです。

自己紹介は、貢献できることと「弱点」をアピールできると最高ですね。「鉄道なら詳しいです。ただし足は臭いです。どうぞよろしくお願いします」とすれば、多分笑ってもらえるし、早く共同体になじめるし、味方も見つかりますよ。

Q 人の顔がなかなか覚えられない！どうすれば覚えられる？

A 残念ながらまだわからない……けれど、方法はある

「人の顔が覚えられない」のは、生まれつき？

もうひとつ、私には人の顔が覚えられない、という弱点があるんです。こうしてコミュニケーションに関するいろいろな経験をお伝えしていながらも、顔を覚えられないことについてはまったく克服できていません。仕事をしていく上で切実な問題で、本当に困っています。専門的には**「先《せん》天《てん》性《せい》相《そう》貌《ぼう》失《しつ》認《にん》」**と呼ぶそうですね。今回集まった悩みの中にも「人の名前と顔を覚えるのが苦手」というものがありました。

柿木先生、実は先生も先天性相貌失認だそうですね。

「相貌」は顔、「失認」とは、見えているのにきちんと認知できない状態です。「先天性相貌失認」とは病名なんですが、**身の回りの景色や物、人の体や服装などは全部覚えられるのに、顔だけが覚えられないという非常に特殊な症状**です。私は文部科学省の大型の研究プロジェクトの代表として、いろいろなジャンルの研究者60人に集まってもらって、5年のあいだ顔の認知をひたすら研究しました。顔をなかなか覚えられない、あるいは顔は覚えているのに名前が出てこない、という現象がなぜ起こるのか研究を重ねてきたのですが、結論としては「わからない」というものでした。私自身の場合も、自分がどうしてそうなっているのか、結局わかりませんでした。

そんな！　それじゃ大変ですよね。冒頭でもありましたが、顔認識って敵味方の判別に大切なんですよね。覚えられない先生や私は、やら

れ放題になってしまう。

特に昔の人類は、顔がわからないとどうしようもなかったわけですね。犬であれば臭いで相手を嗅ぎ分けられますし、耳もいいわけです。しかし、人類は鼻もだめ、耳もだめ、視力もそれほどよくはない。とにかく顔だけを見て、味方かどうか、あるいは相手が自分をどう思っているかとかを判断しなくちゃならなくなった。そのために、人間は顔の見極め能力が異様に発達した不思議な動物なんですね。

解決策は本当にないんですか？

ないこともないですが……。研究の結果、どう努力すればいいのかについては、ある程度結論が出せました。今回はそれを紹介しますが、根本的には、生まれつきの脳の構造だから仕方がないということかな。

先天性相貌失認だということは、自分では生まれつき「そういうものだ」と思っているから、気づきにくいのではないでしょうか。

そうなんです。だいたいみんな、社会に出て初めて気づくんです。学校にいるときは、せいぜいクラスメート30人と先生、部活の先輩後輩くらいですから、毎日会っていればなんとか覚えられます。ところが、社会に出て営業に行ったり、毎日たくさんの人と接したりするようになると、とたんに困ってしまうんです。

2週間前に話した得意先の人をまったく覚えていないというのは、確かにまずいですよね。足が遅いとか視力が弱いとかと一緒で、その人の個性と考えてもらえればいいんだけど、**「相貌失認」自体が知られていないから、非常に失礼な人間だと思われてしまうんですね。**

私の場合、訪れたことのある場所は、割と問題なく記憶できるんです。土地に関しては覚えられるのに、なぜ顔は覚えられないんだろう。不

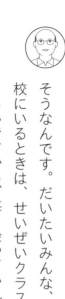

思議です。

ある場所に実際に行くと、その中に感覚ごと入るので、いわば「徹底的に勉強させられる」わけです。反対に、平凡で特徴のない街並みの写真を見せられても、それがどこなのか、行ったことがある場所かどうか、なかなか答えられませんよね。

まあ、そうですよね。今やどの街も似たような感じになってきてますし……。

先天的相貌失認の感覚って、それによく似ているんです。どの街も同じに見えるように、どの顔も同じように見えてしまう。その写真が町田の駅前なのか、相模大野の駅前なのかわからないのと同じです。

それ、すごくよくわかります！　この表現なら、どんな苦労をしてい

るのか、他人にも説明しやすいですよね。

実は、俳優のブラッド・ピットさんが先天性相貌失認なんです。スタッフもスポンサーも覚えられなくて、翌日にはすべて忘れて「初めまして」といってしまうらしい。

そうなんですか!?　知らなかった。

それで、下積み時代は大変苦労したそうなんです。なまじイケメンだから、まわりには「生意気なやつ」と映ってしまうんです。それで、今ではマネージャーが会った人の記録をすべて取って、逐一フォローしているそうです。ただし、一般の人は、顔が覚えられないと、どうしても生きにくいですね。**本当は、こうした病気があることをもっと啓蒙しなきゃいけない**んですよね。

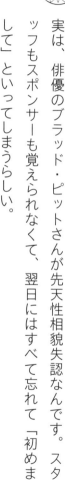

相貌失認気味の人は、とりあえずはどうすればいいんでしょう？　5年間研究されて、先生はどのように対処しているんですか？

私はある意味あきらめているので、あまり考えないようにしています。営業職ではないし、研究して論文や本を読んだり書いたりする仕事ですから。あまり人の顔を覚えなくても苦労はしないんです。

でも、みなさんの中には、顔が覚えられないと仕事的に困る人も多いと思います。そんなときは、**相手の顔以外の特徴を覚えておく**ようにします。名前や肩書きと合わせて、メガネ、アクセサリー、顔の形、髪型、持ち物……などなど。また、際立っている要素を記憶しておくのも効果的です。顔全体の印象ではなく、「大きな鼻の人」とか「きれいな二重の人」とかですね。

武器24　パーツに分けて特徴的な部分を覚えていく↓P276

第３章

今日から使える！ 会話がしんどくなくなる 話し方・聞き方の武器24

すぐに使える「武器」があれば、会話は怖くない

この章では、「武器」の概要と使い方を、レベル別に一つひとつ解説します。まずは「初級」の中から、使いやすいもの、自分のシチュエーションに合っているものを選んで、実際に使ってみてください。

さらに今回は、サロンに参加してくださった方たちに「やってみた」をお願いして、武器を実践したレポートも挙げてもらっています。

コミュニケーションはゲームです。**会話で失敗しても死んだりはしません！** 悩んで何もしないくらいなら、何かしらの「武器」を選んで、実際に使ってみましょう。仮に失敗したとしても、それは一つ前に進んだようなものです。一度でも成功や改善を経験できれば、他の「武器」も使ってみようという気持ちになれるはず。複数の「武器」同士を組み合わせることもできるようになります。

最終的には、一人ひとりが「マイ武器」をカスタマイズできるようになっていただけたらいいなと思っています。

悩み1

会話のパスを
うまく返せず
頭がまっ白になる

武器1

相手の言葉を
「オウム返し」すれば
会話は続く

会話のパスが来たとき、いちいち返し方を考える必要はありません。相手の発言の一部、またはほとんど全部でもいいので、そのままいい返してみましょう。最初は機械的でもかまいません。**オウム返しをすることで、相手の話に関心を示して、その先を聞きたいという意志を伝えられます。**あまりに簡単で心配になるかもしれませんが、思っている以上に会話が成立します。返す言葉はできるだけ固有名詞にするか、相手が意図的に使っていそうな言葉にしてみましょう。これ、言葉の通じない外国人にも通用するほど、強力な武器です。

相手「この間、銀座に買い物に行ってきたんですよ」
×**自分**「……へえ、そうなんですか」

相手「この間、銀座に買い物に行ってきたんですよ」
○**自分**「へえ、銀座ですか！」

相手「この間、銀座に買い物に行ってきたんですよ」
○**自分**「へえ、お買い物に行ったんですか！」

《実践例》

本当に「オウム返し」をするだけでいいのか迷ってしまい、ちょっと返答に間が空いてしまいましたが、思い切って返してみたら、意外に相手がそのまましゃべってくれたので助かりました。

そうなんです。シンプルに「来たボールをそのまま打ち返す」くらいの感覚でＯＫです。**何か気の利いたことをいおうとして変に間が空くくらいなら、オウム返しのほうがよほど自然です。**
とっさにいいたいことが思いつかないとき、ゲームの「スキップ」カードのように使ってもいいですね。私も、自分が会話をコントロールする必要がないとき、相手に話したそうなことがあるときは積極的に

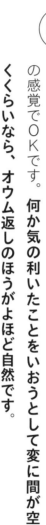

使っています。なんといっても、簡単ですからね。でも、あなどるなかれ。めちゃくちゃ強力な武器なんです。

悩み2

相手から話を
引き出せなくて
会話が続かない

武器2

とにかく疑問形で
話をしよう！

一般的に使われる「聞き上手」という言葉ですが、実に不親切な表現です。「話し上手」ならわかりますが、「聞くのが上手」なんて、相手をあやつる超能力かと。**正しく表現するなら、「質問上手」という能動的なスキル**のことです。

質問上手になるための最初の一歩は、**ひたすら相手に疑問形で聞き返すこと**。うまい質問ができなくても、気の利いたことを聞けなくてもかまいません。疑問形で返すことだけを頭に入れておきましょう。相手から話をたくさん引き出せるようになれば、気の利いたことも聞けるようになってきます。会話を苦手だと考えている人ほど、実は相手に質問ができてないんです。私自身、振り返ってみるとそうでした。でも、自分のことを聞かれたくない人って、そう多くはありません。質問し続けると、その回答から次に聞きたいことが自然に生まれてきます。カードが続けてドローできるってことですね。

相手「今日は朝からいい天気ですね」

×自分「そうですね」

相手「今日は朝からいい天気ですね」

○**自分**「お家の近くの天気は、どうでしたか？」

相手「今日は朝からいい天気ですね」

○**自分**「先週末は大雨でしたよね。あの日ってどうしてました？」

《実践例1》

疑問で聞いてみたら、相手が自分の話をしてくれることが体感できました。天気の話を疑問で聞き返すと、季節や服装、その人の体質や病気、地域の違いなど、いろんな話題に自然に移ることができて、会話が続きました。

とにかく「質問する！」と腹をくって、聞き返し続けるといいカードがドローできます。天気の話は使いやすいですが、それ以外にもい

ろいろな「最初のきっかけ」があるので後で紹介します（P218参照）。
自分ではなく、相手にしゃべってもらうことこそ、会話の極意です。

《実践例2》

疑問で聞き返してみたのですが、相手の方が緊張していたのか、もともと口数が少ない人なのか、あまりいい答えを聞き出せず、会話を続けるのに苦労しました。

そういう場合もありますよね。そうしたシチュエーションでも相手がうなずいただけでも、「今の話、どの辺が響きましたか？」と聞くこともできます。黙ってしまった人には「ごめんなさい、何かわかりづらいことを聞いてしまいましたか？」と重ねて聞いてもいいと思います。
ただし、本当に静かにしていたいだけのこともあるので、その場合は「すいません、どうも気まずいので話しかけちゃいましたが、静かにし

てますね」とひと言いっておけば、多少なりとも気まずさは和らぎます し、「余計なことをした」という自分の弱点のカードがドローできま す（P163参照）。あとで、「さっきはムダ話してすいませんでした」っ て大したことのない失敗を告白できるのは、マイナスに出ることはま ずない強力なカードです。

悩み3

相手の話にうまくリアクションできない

武器3

最強の相づち「えっ!?」「あっ!」を駆使する

相づちは「相手への報酬」です。中でも一番使いやすいのが驚きを示す「えっ⁉」や「あっ！」です。相手の話への関心を示せて、その先も促せるのですから最強です。私は「えっ⁉」や「あっ！」というために会話しているようなもの。実際「えっ⁉」といい続けるだけで相手は乗りやすく、自然に話が弾みます。もちろん、無理にいう必要はなく、本当に驚いたら、感情を抑えずにタイミングよく「えっ⁉」「あっ！」といってみましょう。

前提として大事なのは、会話相手に興味を持つこと。目の前の相手とコミュニケーションを取りたい、仲良くなりたい、心地よい空間を作りたいと思うのであれば、その相手に興味を持つことから始めましょう。

自分に置き換えて考えてみても、話している相手の反応が薄いと「この人は自分に興味がないんだな」と感じて悲しい気持ちになりますよね。逆に、「えっ⁉」と良い反応をしながら話を聞いてもらえたら、うれしくなってもっと話したいと思えるはず。「あなたに興味がある」「あなたの話をもっと聞いてみたい」という好意的な感情を表すのに一番簡単なのが、驚きの相づちを打つことです。
慣れてくれば、バリエーションも増やせるようになります。「えっ!?」と「ええーっ！」、「あっ！」と「ああ……」ではかなりニュアンスが違ってきます。

相手「この服、500円だったんですよ」
×**自分**「へー、安いですね」

相手「この服、500円だったんですよ」
○**自分**「えっ!? 安くないですか？」

相手「この服、500円だったんですよ」
○**自分**「あっ！ その店って○○駅のところですか？」

●本書へのご意見・ご感想をお聞かせください。

ご協力ありがとうございました。

郵便はがき

切手を
お貼りください

105-0003

（受取人）
東京都港区西新橋2-23-1
3東洋海事ビル
（株）アスコム

元コミュ障アナウンサーが考案した
会話がしんどい人のための
話し方・聞き方の教科書

読者　係

本書をお買いあげ頂き、誠にありがとうございました。お手数ですが、今後の出版の参考のため各項目にご記入のうえ、弊社までご返送ください。

お名前		男・女	才
ご住所　〒			
Tel	E-mail		
この本の満足度は何％ですか？			％
今後、著者や新刊に関する情報、新企画へのアンケート、セミナーのご案内などを郵送またはｅメールにて送付させていただいてもよろしいでしょうか？　□はい　□いいえ			

返送いただいた方の中から**抽選で5名**の方に
図書カード5000円分をプレゼントさせていただきます。

当選の発表はプレゼント商品の発送をもって代えさせていただきます。
※ご記入いただいた個人情報はプレゼントの発送以外に利用することはありません。
※本書へのご意見・ご感想およびその要旨に関しては、本書の広告などに文面を掲載させていただく場合がございます。

《実践例1》

「えっ!」といったタイミングが早すぎたようで、かえって相手の話を邪魔してしまう感じになってしまいました。タイミングを掴むのが難しいなぁと思います。多少は我慢した方がいいのでしょうか?

早く食いついても全然いいと思います。逆の立場で考えれば、相手にはあなたが自分の話に興味を持って、驚き続けてくれているように映っていますから、うれしいはずですよ。「あ、すいません。どうぞ続きを」といえばいいだけ。相手の話を止めてしまうのが怖いなら、【武器2・とにかく疑問形で話をしよう!】(P182参照)も併用して、その先の話を促すようにしてみるとスムーズに会話が進みます。また、いきなり声を出すことがためらわれる場合や、相手を邪魔するのが怖い場合は、「大きくうなずく」「体を乗り出す」「頭の角度を変える」「表情で示す」など、言葉以外も強力な武器になります。

《実践例2》

相手の話の内容がすごすぎて終始圧倒されてしまい、結局、最初から最後までずっと「えっ!?」「ええっ!?」しかいえませんでした。これで良かったのでしょうか？

それって最高の会話ですよ！ 私もある知人から「スリランカで逮捕された」という衝撃的な話を聞いたとき、ほぼ「えっ!?」しかいっていませんでしたが、最高に楽しい会話になりました。

このケースでも、**相手の方はあなたから「えっ!?」という言葉を引き出し続けられた、つまりずっと興味を持って話を聞いてもらえたことがうれしかったと思います**し、あなた自身も楽しかったのなら何も問題ありません。これからも惜しみなく「えっ!?」といい続けていきましょう。

《実践例3》

なかなか勇気が出なくて、リアクションができません。こちら側に会話のボールが回ってきそうな気がして…。うまく話せる自信もないので躊躇します。

私もかつて同じ気持ちだったので、すごくよくわかります。でも、「えっ？」といった後に、驚いた側にターンが回ってくることはありません。反対に、リアクションしないと自分が話す順番になる可能性は大いに高まります。怖い場合は、まず小さめに反応するといいでしょう。「ええ」「ええ」「ええ」……といいながら、自分の共感や驚きに集中して「ええっ!?」「あっ！」のタイミングを待ちます。私は会話で最初の「ええっ!?」や「あっ！」を切り出すタイミングがくるまで、ほとんど息をせずに集中していたりします。

悩み4

話が途切れたときの
沈黙や間が怖い

武器4

頭に浮かんだ感情を
そのまま
言葉にしてみよう

初めて会った相手との会話では、一瞬でも空白ができると、気まずくなったりしますよね。そんなときはむしろ「いきなりだと戸惑いますよね」「緊張しませんか？」など、**心に浮かんだ感情をそのまま描写して言葉にすると、会話が先に進みます。**相手も、あなたと同じような気持ちだったりするものです。また、会話の相手に対して浮かんだ印象、感情、感想などは、そのまま描写していくと相手への「報酬」として渡せます。笑ったり、軽くツッコんだりすることも同様です。リアクションは、愛。

× **自分**「……（微笑）」

○ **自分**「……いま、一瞬微妙な間がありましたよね」

○ **自分**「……すいません、会話にどうしても緊張しちゃうタイプなんです。あなたはどうですか？」

《実践例》

少し調子に乗って強めにツッコみすぎてしまったのか、相手に不快な印象を与えてしまったような気がしています。あまり感情を出しすぎるのも問題でしょうか？

場合によりますね。私は、仕事の場合にはあえて若干強め、失礼になることを怖がらずに感情表現しています。その方が面白いし、第三者にわかりやすいからです。ただ、慣れていない人には難しいでしょうし、相手との関係性にもよるので、反応には十分注意して、このやり方を続けるかどうか考えましょう。正直、「強めのツッコミ」は初級のテクニックではありません。**コミュニケーション中に怒りや否定など負の感情が生まれてしまうことは仕方ない面もありますが、それをそのまま言葉にしない**ことは、どんな人に対しても守った方がいいルールです。白井先生はどう思われますか？

プロの吉田さんがラジオで話しているような感情描写、あるいはお笑い芸人のようなウケるための毒舌をいきなりマネするのは素人には危険だと思います。これはポジティブ・ポライトネス（P108参照）の一環ですから。まずは簡単でオーソドックスな描写から始めましょう。

悩み5

相手の口数が少なくて話がなかなか広がらない

武器5

「先入観」や「勝手なイメージ」をぶつけてみる

相手がしゃべりにくそうなとき、即効性のあるテクニックです。会話の糸口を見つけられないときは、**勝手な先入観や決めつけをぶつけると、相手は否定しようとして、結果的にたくさん話してくれる**ようになります。自分に置き換えてみても、**事実とは違うことをいわれたら「いや…」と本当のことを話したくなります**よね。

決めつけるのに根拠はいりません。ベタなこと、ステレオタイプ的なこと、ひと昔前の常識、とんちんかんなこと、めちゃくちゃな情報……何でもいいんです。ちょっといい加減な感じでもいいでしょう。コツとしては、**プラスのイメージの勘違いをぶつける**こと。「すごいお嬢様学校を卒業してるんじゃないですか？」とか。

△ **自分**「どんな音楽がお好きですか？」

○ **自分**「どんな音楽がお好きですか？
なんか、ロックとかお好きそうですよね？」

○ **自分**「どんな音楽がお好きですか？
◎◎さんって、貴族みたいなイメージだからクラシックとか？」
自分「昨日の夜は何を食べました？」
相手「冷凍の焼きおにぎりです」
△ **自分**「……そうですか。焼きおにぎり、おいしいですよね」
自分「昨日の夜は何を食べました？」
相手「冷凍の焼きおにぎりです」
○ **自分**「あら！　ってことは、最近お仕事が忙しいんですか？」
○ **自分**「昨日の夜は何を食べました？
うーん、当ててみましょうか。カレー？」
相手「冷凍の焼きおにぎりです！　カレーは最近食べてないかも」
自分「外れた！　カレー苦手ですか？」

《実践例1》

知人に当てずっぽうで「ご実家って○○でしたっけ?」と聞いたら、「そこはダンナの実家で……」と奇跡的につながって、そこからご主人ネタのカードをいろいろ引けて話が広がりました。

いい使い方ですね。罪のない先入観ですから、本当に適当でいいんです。**人間は否定や訂正をしようとするとより詳しく話してくれるので、自動的にいい話のカードがドローしやすくなります。**また、この例のように、いい加減にいったつもりが偶然正解に近かったり、意外にも当たったりすることもあるので、それはそれで面白いですよね。「えっ!? 今テキトーにいったのになんで当たったんだろう?」という正直な反応は、会話に和やかさを付け加えてくれます。

《実践例2》

知人と仕事の話をしていたとき、相手の「広報の仕事を担当している」という言葉を『東北』の仕事」とナチュラルに聞き間違えてしまったんですが、かえって出身地や旅行の話、広報の地域ごとの違いの話などにつながり、会話が弾みました。

聞き間違え、すごく良いですね！ 地域の話なんかしていなかったのに、いきなり「東北」といわれたら、違和感アリアリなんで、当然相手から否定されますよね。それを、テクニックとしてやってみてもいいぐらいです。**「わざと聞き間違えてみる」というのもひとつの有効な手段**ですね。これは私も思いつきませんでした。ただし、「偽装」とか「作られたウソ」は良くないので、本当に聞き間違えたり、曖昧にしか聞き取れなかったことを、恐れずに口に出すぐらいがいいと思います。

《実践例3》

ゲーム好きの同僚に、ネットで知ったあやふやなゲームの知識をぶつけてみました。実は自分の完全な誤解だったのですが、むしろそこから話が進んで、いろいろ知らないことを教えてもらえました。

誤解で全然かまわないんです。「誤解しているかも……」と思って聞くのをためらってしまうほうがもったいない。今は、仕事も遊びも趣味もものすごく細分化されています。ひと口にアニメが好き、ゲームが好きだといっても、自分一人ですべての情報をカバーしきれるわけもないんです。ということは、あらゆるところで誤解が起きていて当たり前。そう考えれば、**自分より詳しい人にこんなことを聞いたら失礼かな…なんて遠慮する必要も、誤解を怖がる必要もない**んですよね。

悩み6

誰にでも使える会話のテーマが知りたい

武器6

「相談する」というスタイルは万能！

第2章（P130参照）で触れた、大宮エリーさんによる矢沢永吉さんインタビューに学ぶ「武器」です。**相談スタイルは、自動的に自分の「弱点をさらす」ので相手に親しみを持たれやすいというメリット**もあります。「どうしたらいいでしょう？」というように、こちらから質問する形になり、相手からはそれに対する答えが返ってきます。必ず解決しなくてはいけないわけではないですし、話しているうちに、いいカードがドローできればそちらに話題を持っていってもいい。相手からいい回答をもらえたら、むしろ儲けものです。普段から、相談できる悩みのネタを用意しておくといいですね。**事前に相手の得意分野を知った上で、それに合わせて相談ができると、なおよい**でしょう。

× **自分**「○○さんってモテそうですよね。うらやましいなあ」

○ **自分**「○○さんってモテそうですよね。私は恋愛関係が全然ダメなんです。モテるための秘訣ってどんなことですか？」

○**自分**「○○さんってモテそうですよね。私、今好きな人がいるんですけど、全然仲良くなれなくて。できることを教えてください！」

私自身の実践例をひとつお話しします。私は童顔のせいなのか、どうもスタッフに軽く見られがち。その悩みを番組のゲストに来てくださった方に相談してみたら、「ヒゲを生やせばいいんじゃないか？」という答えをもらえました。でも、私はもともとヒゲが非常に薄くて、あんまり生えない体質なんです。問題は解決しませんでしたが、「ヒゲ」という他愛ないきっかけから、他のインタビューとはまるで違う内容に発展しました。

相談スタイルは、する側もされる側も割合スムーズにお互いの経験や考え方、本心を出しやすいんです。長い間抱えている悩みは、誰にでもありますよね。TPOに応じていくつか出せるようにしておくと、かなり使える「武器」になります。

第 3 章　今日から使える！　会話がしんどくなくなる話し方・聞き方の武器 24

悩み7

自己紹介が苦手
どんなことを
話せば溶け込める？

武器7

「共同体への貢献」を
アピールすることが
ポイント

第2章で向後先生に教えていただきましたが（P149参照）、「共同体」にスムーズに所属するには「貢献」をアピールすることが重要です。**自分に何ができるかを先に宣言しておくと、相手もそれをわかった上でボールをパスしやすくなります。**

ただし、過去の実績を語るとマウントのように聞こえるので、「〇〇できます」というように、これから共同体に貢献できる能力として語りましょう。

× **自分**「初めまして。〇〇と申します。よろしくお願いいたします」

〇 **自分**「初めまして。〇〇と申します。書道三段で字だけは、そこそこきれいに書けます。あと、最近東南アジアにハマっていて、特にタイ料理とかベトナム料理なら、おいしいお店をご紹介できます。よろしくお願いいたします」

× **自分**「前にこのジャンルで仕事をしていたことがあるんですよ」

〇 **自分**「このジャンルならまあまあ詳しいのでお役に立てるかもしれません」

悩み8

新しいグループに入っていくときに何から話せばいいか迷う

武器8

自分の「話したいこと」「得意なこと」から話し始めよう

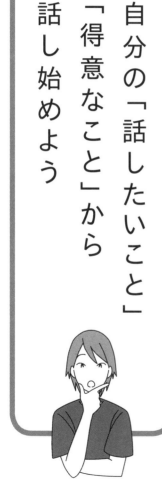

《実践例》

職場で新しく入ってきた人などと会話をするとき、自分が好きなサッカーの話題を出して、「サッカーで好きなチームってありますか？」で始めるようにしたら、自分の思い通りに話を進めることができて、会話がスムーズに進むことが多くなりました。

最初のひと言は、ラジオでもすごく重要なんです。番組冒頭やＣＭ明けのひと言は、将棋の初手のように、その後の展開を大きく左右します。**自分に有利になるような、話したいジャンルや話しやすいテーマを持ち出せるチャンスです。**その場では思ったような会話にならなかったとしても、後々そちらの方向に展開する布石にもなります。自分が語りやすいこと、自分が貢献できる分野を初手で明らかにしておくことは、短期的にも長期的にも有効な手段です。

悩み9

質問が下手で話がすぐ終わってしまう

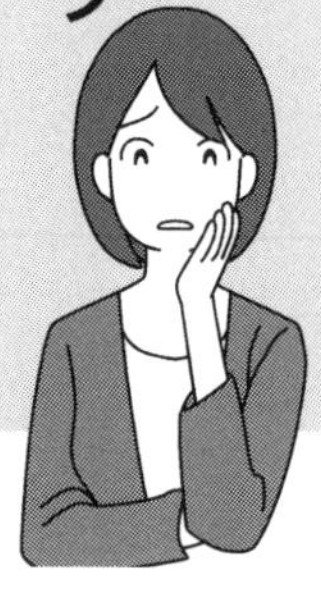

武器9

魔法の言葉「HOW」を活用しよう！

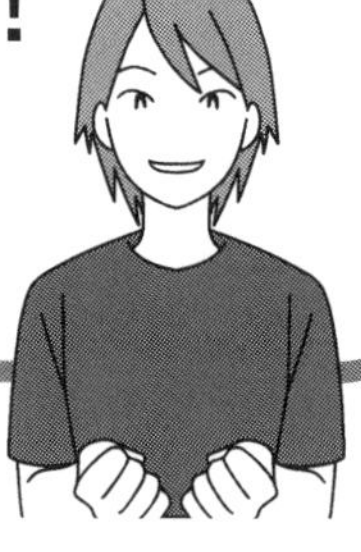

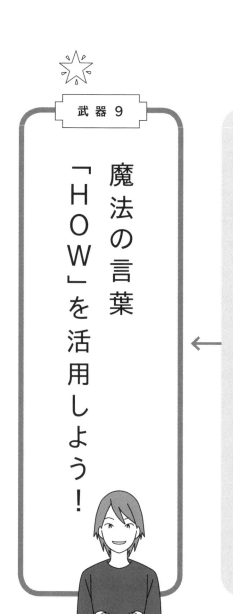

質問を投げかけるのは会話を継続させるための基本スキルですが、「5W1H」のうち一番使えるのが「HOW＝どうやって」です。**「なぜ・どうして」と聞くところを「どうやって」に変えると、話が広がっていきます。**それは、相手が「単語」で返答するのではなく、描写として「文章」で答えなくてはならないからです。より具体的で面白い情報を話してくれる可能性が高く、よいカードがドローできることになります。

×**自分**「○○さんは登山が趣味なんですね。なんで山がお好きなんですか？」
相手「ええまあ、何となく昔から……」

○**自分**「○○さんは登山が趣味なんですね。山って、どうやって登るんですか？」
相手「山にもよりますね。この間行った○○山は、まず登山口まで車で行くんですけど週末は駐車スペース確保が大変で。それで金曜の夜から……」

《実践例1》

HOWで聞くと質問も具体的になるし、道具や経緯など細かいアイテム名が出てきて話が広がりました。聞かれている相手も、好きなことだとうれしそうに説明してくれます。

相手が楽しそうにしてくれるのは重要なことです。会話は相手の話を聞くことが目的ですから、楽しそうに話してくれたり、いろいろ細かく説明してくれたりしたら大成功ですね。結果として、いいカードもドローし放題。ぜんぜん知らないジャンルの話でも、自分の知っていることと思わぬ共通点が見つかったりもします。登山に興味がなくても車のことならわかることがあるかもしれない。登山用具には詳しくなくても、登山関係の店がいっぱいある御茶ノ水や神保町のことなら、「あそこにあるカレーのおいしいお店、行ったことありますか?」なんて話になるかもしれません。あなたの得意分野にも、そういうプラス

アルファ、ありますよね？

《実践例2》

新入社員に「どうやって会社まで通っているの？」と聞いてみたら、交通手段から経由地、途中にある便利な店、買い物の中身など、すごく話が広がって親しくなれました。

いいですね！　大成功！　初めての相手とのなんということのない会話だからこそ、ＨＯＷが有効的に活用できたんですね。新入社員も緊張をしていたでしょうけど、自分が経験していることなので比較的楽に答えられたのではないでしょうか。これであなたは、新入社員にとって「話しやすい先輩」という印象になったかもしれませんね。

「サロン」では、スーツを着ていた参加者に「今日はどのような仕事をしてきたのか?」と描写を促す実験をしたところ、「普段はオフィスカジュアルで勤務しているが、今日はたまたま取引先と打ち合わせがあった」という返答がありました。そこから話がどんどん広がりました。

どんな仕事?

←

広報の仕事

←

広報の仕事ってどんなことをするの?

←

広報と広告ってどんな違いがあるの?

←

最近自分も金曜はオフィスカジュアルになったんだけれど、服装困らない?

←

そのネクタイってどこで買ったの?……

などなど、会話が尽きることはありませんでした。**ＨＯＷが引き出す物事の描写は具体を呼び、具体はそのまま会話のカードになる**わけです。本当は「ＷＨＹ」で答えを聞きたい場合でも、ＨＯＷを経由した方が、深くて本質的な返答にたどり着けたりもします。

悩み10

定番ネタから話が広がらない

武器10

定番ネタを掛け合わせて疑問形で話そう

話題作りの定石をまとめて**「木戸にたちかけし衣食住」**といいます。「気象・道楽（趣味）・ニュース・旅・知人・家族・健康・仕事・衣・食・住」のことで、どれもHOWに結び付きやすく、よくまとまっています。天気の話は一見つまらないように思えますが、誰にでも関係がありながら責任を取らされる者もいなくて、時系列につながっているからとても使いやすい質問の種です。この基本カテゴリーを学んだら、二つ三つ掛け合わせるのも面白いです。「天気」と「衣」を掛け合わせて、「最近暑くなってきましたけど、夏物出しましたか？」とか。

ここに「スポーツ」があってもよさそうなのに、盛り込まれていないのは、ひいきにしているチームや選手が違うと、対立をまねく可能性が高いからです。同様に、政治と宗教の話も、タブーが存在するおそれがあるので、相手と相応の信頼関係ができるまでは踏み込むのは避けたほうがよいでしょう。

《実践例》

最初は話すことがないので定番の話題を出すのですが、どうしても

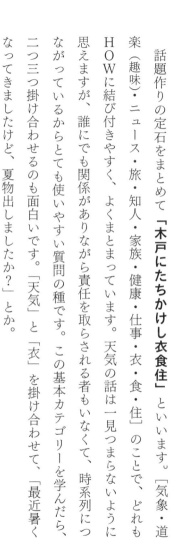

「何だかわざとらしい、白々しい」と自分で思ってしまいます。どうすれば克服できるでしょうか?

私も同じような悩みを持っていました。ベタなことは聞かないぞ、と意気込んで、番組に来てくれるゲストのことを必死で調べて、事務所に問い合わせの電話までしていたんです。ちょっと気負いすぎでした。そんなことをしなくなったのは、定番の質問はほとんどの人に当てはまる、普遍的なものであることが腑に落ちたからです。「ラジオで天気の話をするなんてダサい」みたいに思っていましたが、私とリスナーが同じ時間を共有していることを表現できる話題だ、ということがわかってからは、抵抗がなくなりました。上っ面ではない、**相手への関心が持てれば、天気の話から、その人がその人である理由にたどり着ける**ことが何度か経験できてから、相手の情報が何もないところから会話の「壁を登る」ことができるようになりました。

悩み11

相手に合わせた会話ができない

↓

武器11

相手ならではのカードが引けるまで定番ネタでつなぐ

その日に初めて会う知らない人と会話をしなければいけないこともあれば、相手が事前にわかっている場合もありますよね。

初めて会う人に対しては、普段から誰にでも使える定番の質問を準備しておけば、ちょっと会話に詰まっても怖くないですよね。新たなカードが引けるまでは、定番のカードでやりくりしてください。

相手の情報を事前に知ることができるなら、少しでも調べておくと、会話のラリーがスムーズに進みます。できる営業マンは、事前に取引先相手の好きなものを調べて、気持ちよくしゃべってもらって商談を有利に進めます。これが、カスタマイズです。ちなみに、**情報がまちがっていても、【武器5・「先入観」や「勝手なイメージ」をぶつけてみる】（P198参照）につなげられます。**

○**自分**「○○です。よろしくお願いします。今日は暖かくなりましたよね、私は花粉症持ちなので今日みたいな日はつらくて…。○○さんは、花粉症は大丈夫ですか？」（↓健康などの話へ）

○
自分「〇〇です。よろしくお願いします。□□さん（相手）のSNSでインドカレーがお好きだって見たんですよ！　都内でおすすめのカレー屋さんって、どこですか？」（↓グルメ情報、街、旅などの話へ）

《実践例1》

最初の会話のラリーはある程度うまくできるようになったのですが、もう少し相手に踏み込んで仲良くなるために、汎用性のあるアイデアはないでしょうか？

会話が続く絶対的テーマを、めちゃくちゃ具体的に挙げると「給食の話」です。ラジオで、このテーマでメールやツイートが集まらなかったことはありません。

それは、**「多くの人が共通して経験しているが、人によってディテー**

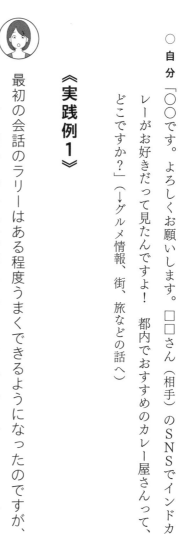

ルが違う」からです。

給食の話、修学旅行の行き先、夏休み、男子校か女子校か共学か、制服は学ランやセーラー服だったのかブレザーだったか、あるいは私服だったか。得意科目と苦手科目……学生時代のエピソードは誰でも持っているのですが、それぞれ経験したことがまったく同じ、ということはありえません。地域や時代によっても違いがあり、さまざまな情報や記憶が出てきて新しいカードが引けます。

この**「みんな心当たりがあるけど、ディテールが違うもの」は、必ず会話が弾みます。**ちょっと頭を使って、探してみましょう。

《実践例2》

初めて会って話をする相手のSNSを見つけて、事前に何に興味があるのか知ることができました。その情報をそのまま話のネタとして力ード化すれば、安全に会話が盛り上がる気がするのですが……。

情報をそのままなぞるだけではもったいない！　「知っている情報を聞く」のは取り調べと同じというお話をしましたが、**知っていることの空白を聞いていく方がよっぽど面白い情報を聞き出せる**と思います。なぜそういった投稿を載せたのか、その話題に興味があるのかを聞きましょう。

最近、私の番組で話題になったのが、宣伝のためにインスタグラムを始めたという、ある声優さんの話でした。ザ・鉄板ネタの「犬・風景・スイーツ」の写真ばっかりで、もちろん、それぞれ一つひとつについて、具体的に聞いても良かったんですが、「インスタならこれ！　というテーマをまっすぐに選ぶなんて、本当にまじめ！」ということに気づき、そのまま「本当にまじめですよね」「悪いことできないでしょう？」って聞いてみたら、まじめエピソードをたくさん話してくれて、他の番組とはまったく違う展開になりました。ちょっと変則的なテクニックですけどね。

逆に、まじめじゃなかったら、じゃあなんでインスタはまじめなの!?という疑問について聞いていった先には、きっと面白い話が待っていると思います。

悩み12

ベタな話題ばかりで
会話がイマイチ
盛り上がらない

武器12

定番ネタに
感情と感想を
乗せる

いわゆる「話を広げる」武器です。

1〜2枚だけしかカードがドローできていないときや、ベタな話題から一歩踏み出したいときに有効なのは、**定番の話題に自分の感情や感想を乗せる**ことです。自分の意見や気持ちをオープンにするのは怖いかもしれませんが、相手と意見が違うことは気にしなくて大丈夫です。こちらから心を開けば「お、それぐらいオープンにしてもいいのね?」と、相手との「共有ルール」が変更されます。オフィシャルなインタビューに飽きている著名人の方に対してもかなり有効なので、私もよく使います。先ほど話した、会話では相手に対して「本当に関心を持つこと」が大事、ということの表れでもあります。

相手「毎日いってる気がするけど、暑い日ばっかりできついですよね」

△**自分**「本当ですよね。一体いつごろピークを過ぎるんですかね」

相手「毎日いってる気がするけど、暑い日ばっかりできついですよね」

○**自分**「え! そうですか? 私は暑いの大好きなんですよ! ずっと夏でも構わ

ないくらいです。まあ、でもやっぱり普通は苦手な人が多いですよね」

《実践例》

自分の感想や感情を出してみたのですが、相手と意見が違っているのではないか、相手が不快な思いをするのではないかと心配になって、それ以上踏み込めませんでした。

漫才のコツに、「人前に出たら、コンビは意見が違った方が良い」というものがあります。「オレは蕎麦が好き！」「は？　何いってるの、うどんの方がいいに決まってる！」とならないと、漫才は始まらないわけです。漫才も会話も、**本当は仲が良い者同士がじゃれ合うようにケンカをするくらいが、理想的**なんですよね。

もちろん本当にケンカをする必要はありませんが、会話を弾ませるためには、多少意見が食い違うくらいがちょうどいいんです。**「違って**

いるところ」に注目すると、自分が知らないことがたくさんあるので、質問を次々と思いついて、カードをどんどんドローできるわけです。思いがけない共通点が見つかる可能性もあります。１００枚もカードを引けば、「あっ！」と思えるテーマがあるはず。そうなったら、和やかなコミュニケーションだけでなく、人生にとって意味のあるやりとりに発展することもありますよ。

悩み13

会話の流れが
自分の話したい
テーマにならない

武器13

自分が話したいことを
まずは相手に
質問してみる

自分が話したいテーマがある、自分の得意なジャンルで会話を進めたいという場合に使う武器です。自分で話す「ドリブル」のための技術ですね。

自分が話したいことを一方的にしゃべり続けてしまい、相手がなんだかつまらなそうになってしまった、という経験はありませんか？　いきなりドリブルを始めると相手が付いてきません。まずは、パスを出すこと。**これから展開していきたいテーマに関する質問を相手に投げかけ、その答えを受け止めてください。**自分の得意なジャンルなら、どんな答えが返ってきても、反応できますよね。**相手が積極的に話し出してくれたら、それを優先すること。**それでなごやかな会話が制限時間まで続いたら万々歳です。「聞いてほしいオーラ」を出しすぎてしまうと、人は聞いてくれないものです。時間があって自分の話もできればラッキー、ぐらいに思っていた方が、相手も聞いてくれるんですよね。

×自分「私は○○県出身なんですけど……」

○自分「どちらのご出身なんですか？」

相手「××県なんですよ」

自分「そうなんですね！　××県、以前に旅行で一度行ったことがありますよ。□□がおいしいですよね。私は○○県の出身なんですけど……」

《実践例》

相手が乗ってくるかわからなくても、やはりこの手順を踏んだほうがいいのでしょうか？　リアクションが薄いと、この話題はつまらないのかな…と不安になります。

話しているときの相手の反応は、チェックしましょう。最初の回答以

降、自分だけが一方的に話してしまったら会話が成立しませんよね。

一人で話すことが得意で、描写力で相手を楽しませられるならいいですが、なかなか難しいものです。話術を鍛えるよりも、質問する力を養う方が簡単ですし、自分自身もラクです。

相手が興味を持ってくれるような気配がないなら、改めて別の質問をしたほうがいいです。得意ジャンルが1つだけ、ってことは、ないですよね？

悩み14

自分から話すべきときに
どんなことを話せば
いいかわからない

←

武器14

相手が話し始めるまで
自分の体験や感情を
細かく描写していく

先ほどの武器13と連動する技術です。

質問に対して相手が話しにくそうにしていたら、自分が体験したことを描写するんです。質問に対して、回答例を示すんですね。サッカーにたとえると、相手へパスを出せるタイミングまで、自分でボールをキープする感じ。オチを目指すのではなく、いつでもパスを出せるように、描写をするべきなんです。あくまで、自分がしゃべることが目的ではなく、相手にしゃべってもらいやすくするためです。

自分「先週の3連休って、何してました?」

相手「えっと……何してたかな…」

○**自分**「(反応を待って) 私、九州まで旅行に行ってきたんですけど、久しぶりに羽田空港に行ったら新しくマッサージ店ができていて、びっくりしました。〇〇さんは、最近羽田空港行きましたか?」

相手「そういえば羽田空港、新しくなりましたよね! 私は昨年、羽田から仙台に行ったんですが、そのときは……」

《実践例1》

とにかく、実際にあったこと、そのとき心に浮かんだことを、細かく描写して話すようにしました。そのかわり、自分の話がなかなか終わらなくなってしまった気も……。

それでOK！　会話が終わらない、ってまさに理想の状況ですよね。ただ、重要なのは、何よりも相手の様子を観察することです。先ほどの例でいえば、「空港」というワードに相手が反応したのなら、そこでパスを出すことが大事なんです。**ドリブル（描写）はあくまで相手が答えやすくするためにしている**ので、自分の描写に必死になる必要はありません。ニュース番組の現場レポートじゃないですからね！

《実践例2》

ドリブルしていた話題に相手が食いついてくれたんですが、そのため急に話題が変わってしまいました。結局盛り上がったのですが、会話の流れがまったく変わってしまってもいいのでしょうか？

急に話題が変わった、ってすごく良いことじゃないですか！ 会議や仕事のミーティングではテーマを外れちゃうと困るときもあるでしょうが、交話的会話においては話題の飛躍はカードを新しく大量に引ける大チャンスです。それまでの話題はきれいさっぱり捨ててしまってかまいません。私は先日、あるマンガ家さんと猫の話をしていたのですが、話がどんどん転がり、最後は「なぜ徳川綱吉を尊敬しているのか」についてお聞きしていました。もし、最初にしていた話題がどうしても気になるなら、（気になる、は相手に興味があるってことですから、とてもいいことです）後で改めて聞いてみればいいだけです。

悩み15

接客相手の要望を
会話から
うまく引き出せない

武器15

具体的な「モノ」や
「こと」に寄せると
ニーズが見つかる

こちらは、接客業の店員さんからのお悩みですね。

相手が自分から話し始めてくれたときは、そのまま聞けばいいのですが、そうでない場合は、こちらから相手のニーズを聞き出していく必要がありますよね。何を求めているのか、どのくらいのレベルを求めているのか、どんな目的なのかなどがわかると、的確な質問ができて会話はより深まりますし、仕事のやりとりがスムーズになります。その際の「武器」は、**質問や会話の対象を具体的な「モノ」や「こと」、固有名詞などに寄せていくこと**です。相手自身もまだ気づいていないニーズも引き出せます。**「私が考えていたのはそういうこと!」と相手に思ってもらえるのは、会話の醍醐味です。**

また、この武器は、自分が苦手なジャンルの話題を掘り下げなければいけないときにも使えます。漠然とした質問だと相手も答えづらくなってしまいますが、具体的に「何を知りたいのか」という「モノ」「こと」に話を寄せていくことができれば、苦手なジャンルでも会話を続けられるでしょう。

×自分「どんな服をお探しですか？」

○自分「今お召しになっているお洋服は、どのあたりがお気に入りですか？」

（→柄／素材／デザインなどへ展開）

相手「この前、新しいパソコンに買い換えたんですよ」

×自分「そうなんですか……パソコンは全然詳しくなくて……」

相手「この前、新しいパソコンに買い換えたんですよ」

○自分「そうなんですか。パソコンは全然詳しくないんですが、最新の商品ってどのあたりが進化しているんですか？　前のパソコンとはどんな風に違うんですか？」

《実践例》

営業先でニーズを探るのが苦手だったんですが、やみくもに相手側を掘ることをやめて、自社の商品の具体的な説明や使用例をあれこれと話すようにしたんです。すると、意外なところに食いついてもらえて、話が広がりました。

ある話題について、自分のほうが圧倒的に詳しい場合（専門家、店員や営業担当など）もあれば、相手のほうが詳しい場合もあります。相手のニーズをくみ取りたいなら、モノの詳細な描写をしながら反応や関心を見ていると、正解に近づきやすくなります。また、詳しくない人だからこそ、思いも寄らぬ指摘ができたり意外なアイデアが出せたりもします。何をいくらで売るかではなく、誰がどうやって売るかという時代のヒントがここにあるのかもしれませんね。

悩み16

自分が知らない話題だと、遠慮して入っていけない

武器16

知らないことを「教えてもらう」ことで会話が進む

まったく知らない話題、詳しくないテーマの会話は、実はカードをどんどんドローできる大チャンスタイムです！ 相手は自分よりもその話に詳しいわけですし、自分からそのテーマを話しているのであれば、そのジャンルが好きで、他人に話したいと思っている可能性も高いんですね。**自分が得意としているものについて人に教えることが嫌いな人って、あんまりいないでしょう。**ＨＯＷで聞く、感情を乗せるなど他の「武器」もフル活用して、どんどん相手の話を引き出しましょう。結果として、自分の知識や情報も増えていきます。

自分「休みの日はどんなことをしているんですか？」
相手「鳥の写真を撮っているんですよ～」
×**自分**「そうなんですか……（鳥も写真も詳しくない、聞き流そうかな？）」

自分「休みの日はどんなことをしているんですか？」
相手「鳥の写真を撮っているんですよ～」
○**自分**「えっ！　鳥ですか！　私、鳥もカメラもぜんぜん詳しくないんですが、撮影ってどんな風にやるんですか？」

《実践例》

自分から「知らないです」といえるようになったら、知識のない話題が怖くなくなっただけでなく、むしろ新しい知識やモノの見方を知ることができて、純粋に会話が楽しめるようになりました。

そうですよね！　私も「知らない」を使っていろいろな世界の話を知りました。

貨物列車の写真を撮るのが趣味だという人からは、「貨物列車は普通の電車とは違って、同じ編成の列車は二度と来ないんだ」という面白い話を聞かせてもらえました。タコスマニアの方から「日本のタコスはダメだ、アメリカナイズされたものをさらにコピーしているから2段階で劣化している」という話を聞いたら、断然本物のタコスについて知りたくなって、タコスのドキュメンタリーまで見てしまったということもありました。あれは、めちゃくちゃ面白かったなぁ。

どれも未知の世界だったのに、とても興味をそそられました。**「知らない」話に出会うとカードがどんどん引けるし、私は純粋にワクワクします**。語る人の熱量がこちらに乗り移る感じがするんです。「タモリ倶楽部」って、ものすごくマニアックなテーマのことが多いですが、あの番組が面白いのって、こういう理由じゃないでしょうか。

悩み17

聞きづらい話題に
なったときの
対処がわからない

武器17

相手から出てきた
「重そうな話」は
必ず聞いてあげる

少し聞きにくいなぁと思うカードがドローされることがあります。病気や身内の不幸、過去のトラウマなどですね。やや「重そう」に感じられる話題になると、詳しく聞き出すことを戸惑うかもしれませんが、**相手から出てきたのであれば、掘ってほしい話であり、あなたを信頼している証拠**でもあります。ここは、**必ず受け止めなければいけません。**仮にあなたが思い切って打ち明け話をしたときに、あっさり流されてしまったら悲しい気持ちになりますよね。「重い」話題こそ優先して話を聞く、と腹を決めてください。

相手「実は、最近母が亡くなったんですよね」

△**自分**「そうだったんですか……。お悔やみ申し上げます」

相手「実は、最近母が亡くなったんですよね」

○**自分**「お母さんがお亡くなりになったんですか……。急なことだったんですか?」

《実践例》

相手が「仕事を辞めたんですよ」といったとき、とっさにひるんで話題を変えてしまいました。後から聞いたら「聞かれても全然かまわなかった」といっていて、てっきり話したくないだろうと思っていたので意外でした。

これは、サロンで参加者同士の間に実際にあったひとコマです。こういう話題にひるむ気持ちは、すごく理解できます。特に、自分が経験したことのないようなつらい話だと、どんな受け答えが正解なのかわからないですよね。受け止めるときの最大のポイントは、相手に話してもらうこと。

「えっ！　会社辞めたんですか？」
「会社を辞めるときって、どうやって決心したんですか？」

などと、相づちやオウム返し、HOWで聞くといった武器を使って、相手が話したいことを吐き出してもらいましょう。聞くときは、あなたの意見を押し付けるようにならないよう、気をつけて。

相手の重い話を受け止められたら、そこには間違いなく信頼関係が生まれます。

悩み18

誰でも思いつくような平凡な質問しかできない

武器18

相手の「空白」や「スキマ」に質問のヒントが隠れている

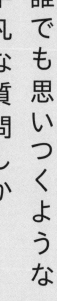

人に会う前にちゃんと調べていく、というまじめな方は多いと思います。しかし、そこでやってしまいがちなのが、知っていることを会話のなかで確認してしまうこと。第2章で、事前に調べたことを聞くのは「取り調べ」だといいました（P121参照）。知っていることの確認から話が広がることは、まずありません。かといって、まったく調べないで会いに行くのが良いかというと、そうではありません。事前に知っていることは、とても大きな材料です。ただ、その材料の活かし方にコツがあるのです。

どんなに調べても、相手の人生をすべて明らかにすることはできません。**事前にわかっていたことの空白やスキマに宝の山がある**んです。たとえば履歴書の経歴に書かれていない年のことや、その人が起こした行動の理由やその結果など、調べてもわからなかった空白についての質問は、良いエピソードを引き出せる可能性がとても高いです。私は、インタビューという仕事の一側面は、年表の空白を埋めることだな、と思っています。

×自分「〇〇年に退社されて、翌年から今の会社に行かれたんですね」

○自分「〇〇年に退社されて、翌年から今の会社に行かれたんですね。その間って、どんなことをされていたんですか？」

《実践例》

取引先のＨＰの企業情報を見ていたら、何年か空白の期間があったので、打ち合わせの合間に試しに聞いてみたら、まったく知らなかった新規事業への挑戦・撤退の歴史を話してもらえました。おかげでいろんなカードをドローし放題でした。

「空白」に興味を持って聞いてみると、「実は……」という一番いい流れになりやすいです。また、一般的には興味を持つ人が少なそうだと思われるテーマでも、本人には強い思い入れがある場合もあります。

第2章のザ・クロマニヨンズのインタビュー（P120参照）もこのパターンですね。「空白」を探って、どんどん詳しい話を引き出せると楽しいですよね。ただし、相手が本当に触れてほしくないから空白になっている可能性もあります。そういう空白なのかどうかは、会話に恐怖を感じるような繊細なあなたにはきっとわかりますよね？　その場合は、別の空白に焦点を当てましょう。

悩み19

相手が「聞いてほしいこと」を質問できるようになりたい

武器19

相手の視線から会話の糸口を見つける

相手が話していれば、その言葉に対してリアクションをしたり、質問を重ねたりして会話を続けていくことができます。しかし、言葉で伝えていないメッセージを受け取ることでも、カードをドローすることができます。それが相手の「視線」に注目すること。**相手の視線の先には、その人の興味を引いたものがある**はずです。そこで、これは前に紹介した「勝手な先入観」にもつながるのですが、「〇〇お好きですか？」などと質問をしてみましょう。

〇**自分**「今、そこのゴルフ雑誌をご覧になってました？
ゴルフお好きなんですか？」

《実践例》

自分の職場の応接室に絵、時計、社史、花、外の景色などいろいろなものがあることに気づき、お客様が何を見るかに合わせて最初の会話

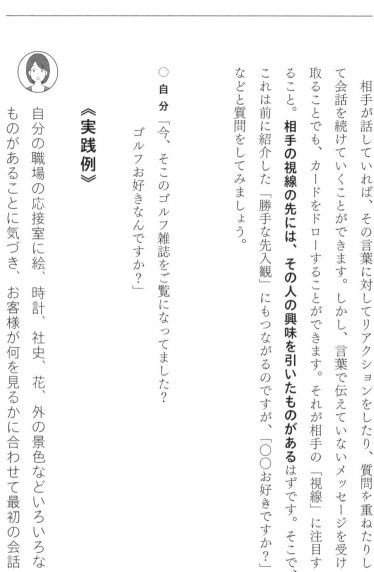

を始めるとうまくいくようになりました。

上手な使い方！　置いてあるアイテムは限られていますから、カードとして準備しやすいですよね。最近、あるユーチューバーの方が番組ゲストに来てくださったんですが、視線がマイクにくぎ付けだったんです。なぜかと聞いてみたら、「プロの使うマイクはすごい、高級だ」という話になりました。私には見慣れたものでも、相手にはまったく違う見え方をしていることがあるんですよね。そしてマイクについてはこちらも先方にいえることがたくさんあって、興味深い会話になりました。この武器、お客様と直接向き合う店員さんみたいなお仕事だと、広く応用できそうですね。

また、相手が身につけているものや持っているものについてこちらから質問するという、逆方向の応用もできます。

悩み20

うまく会話を終わらせるコツが知りたい

武器20

話の感想を述べるとクロージングがしやすくなる

「会話の終わらせ方」は非常に難しく、研究テーマになりやすいんです。ここでは、アメリカの研究者、H・サックス、E・A・シェグロフ、G・ジェファソンによる有名な電話会話の研究を応用して、すぐに使えそうなテクニックを考えてみましたので紹介しますね。これは電話だけでなく、実際の会話やLINEなどにも応用できます。

「会話の終わらせ方」第1段階

- 絶対に自分から新しいテーマを展開しない
- 積極的な相づちを打たない（興味を示さない、盛り上がらせない）
- 質問しない

相手が話を続けたときや新しいテーマを投入してきても「えっ？」のような積極的な相づちを打たず、**「ええ」「はい」などの消極的な相づちで対応し、新たな質問をしない**ようにします。

なるほど。要するに、これまで会話を続けるために使ってきた「武器」の、正反対のことをするわけですね。

「会話の終わらせ方」第2段階

・感想を述べる
・ここまでの話をまとめる
・次回の約束をする
・あいさつをする

相手が何となく雰囲気を察してきたら、それまでの会話の感想を述べたり、まとめたりします。「今日は新しいことを教えていただけて良かったです」とか、「ご一緒できて楽しかったです」といった感じですね。そして、「またぜひ」「今度続きの話をしましょうね」などと次回の約束をしたり、確認したりします。最後に「ではまた」「失礼します」などとあいさつをすれば終了です。

先生のご指摘で私も気づきがありました。番組やインタビューを締めるとき、私はほぼ例外なく感想をいっていますね。なかば無意識にやっていたことですが、かなり有効な武器になると思います。

そうなんです。相手と良い関係を続けていくためにも、会話を楽しい雰囲気のまま終わらせるのって大事ですよね。

悩み21

自分がどんな風に
会話しているか
わからないので不安

武器21

鏡に自分を映したり
会話を録音・録画して
客観視する

自分自身の現状、そして改善のステップを客観的に把握して意識化するのに一番簡単な手法は、**鏡をデスクに置いて自分を映してみること。さらに本格的にやるなら、自分の会話を録音・録画して見返す**ことです。そこまでやることに抵抗があるかもしれませんが、相づちや会話の失敗など、無意識で行われていることを意識化するにはもっとも適した方法です。今はスマホもありますので、やろうと思えばそれほど難しくはありません。

《実践例》

まず自分の声が思っていたのと違って、ちょっとショックでした。気恥ずかしさを取り除くのにしばらくかかりましたが、話し方や間の取り方、食いつき方や反応など、反省点がいくつも見つかりました。

そうなんですよね。恥ずかしさが先に立って、なかなか実践できない

というのも理解できます。ただし、これの効果は抜群だということを理解してもらう絶好の素材があります。

誰でもいいので、世間的に成功しているといわれているユーチューバーの、最近の動画と第1回目に投稿した動画を見比べてみてください。今では一線級のユーチューバーであっても、第1回目はかなりたどたどしかったり、スベっていたりしたこともあるはずです。さらに、その後の動画も時系列で追っていけば、どこをどのように改善してきたのかがわかってきます。

つまり、彼らも自分の動画がどのように見られているかを検証して、改善してきているということなんです。同じことが、スマホを使うだけであなたにもできます。本当にコミュニケーションに悩んでいるのなら、試してみる価値はあると思います。

悩み22

「人より優位に立ちたい」
自分のマウンティングを
なんとかしたい

武器22

マウント感情を
「アピール」から
「貢献」に変える

第2章でお話ししましたが（P137参照）、人と仲良くなりたい、共同体に所属したいと思うのは人間の本能です。マウントは、そのために自分を大きく見せて優越しようとする行為で、ごく自然なことです。共同体に歓迎されるためには、自分の優れた能力を使って、どんな「貢献」ができるかを考えてみるといいでしょう。**「オレってすごいでしょ？」とアピールするのではなく、「私の能力をこのような形で役に立ててほしい」と変換する**のです。自己顕示欲にとらわれるのではなく、自らの力を具体的な行動で示してみせればいいのです。

×
自分「私の趣味は筋トレなんですが、実はボディビルの大会でも入賞したことがあるんですよ」

○
自分「私の趣味は筋トレです。重いものを運ぶのは大得意なので、何かあればいつでも声をかけてください」

マウントを取りたくなるのは自然なことだけど、自己顕示欲や偽善を共同体のメンバーに見破られれば受け入れてもらえません。マウント心をギリギリでグッと抑制している（はずの）私は、とりあえず正しいことがわかって安心しました。まだ修行が足りない気がしますが……！

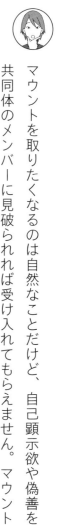

悩み23

いちいちマウントしてくる
先輩や上司の
扱いに困る

↓

武器23

マウントを取られたら
「すごい！」と
奉《たてまつ》ってしまおう

マウントを取られて、こちらがストレスを感じる必要はありません。むしろ、取ろうとする人の方は原始人的でつらそうだな…と一歩引いて見てあげればいいんです。具体的な対処としては、**その人をリーダーのような存在として「奉ってあげる」**こと。マウントを取りたがる相手と競争しない、させないことが重要で、自然に「上の立場にいるように仕立て上げておく」と本人も落ち着きます。

相手が上司や先輩など、上の立場の人の場合、中間管理職の人や部下は大変ですよね。しかし、マウントしている本人も精神的に余裕がなくて、つらいんです。「奉る」が不自然なら、「○○課長も大変ですよね」というようになぐさめる、あるいはリーダーとしてほめる、という対処が効果を発揮しそうです。本人のつらさが解消されていけば、マウントを取る行為も少なくなります。その他のメンバーには、折をみて気持ちを聞いてあげて、「奉る」作戦をよく説明しておき、共闘できるといいでしょう。あとは、その人の能力をうまく使ってしまえばいいのです。

相手「この仕事、私が担当していたときは、
毎月の売上◯百万くらい取れてたんだよね」

×自分「先輩が担当されていた頃は、今とやり方が違いますもんね。
今は毎月●十万ですけど、ノルマはちゃんと達成できているんですよ」

相手「この仕事、私が担当していたときは、
毎月の売上◯百万くらい取れてたんだよね」

◯自分「すごいですね！　先輩の仕事のやり方をいろいろ教えていただければ、
みんな助かります!!」

《実践例》

マウントを取る人が1人だったらいいのですが、複数いるので困っています。奉るにしても、あちらを立てればこちらが立たず……。どう

したものでしょうか？

マウントを取りたがる人同士が競合すると絶対うまくいきません。これは、ちょっとマネジメント的な話にもなりますが、メンバーと相談して、チーム分割を検討しましょう。その際は、全員が納得した上で進めることが大切です。

アドラー心理学では、チーム運営においては、全員が対等な立場で話し合うことが重視されます。問題が起きていることは恐らく誰の目にも明らかなのでしょうから、上司も部下もなく、それこそ腹を割って話し合う機会を定期的に設け、双方納得の上で分割に持ち込めるといいでしょう。

悩み24

人の顔が覚えられない
覚えるコツを
知りたい！

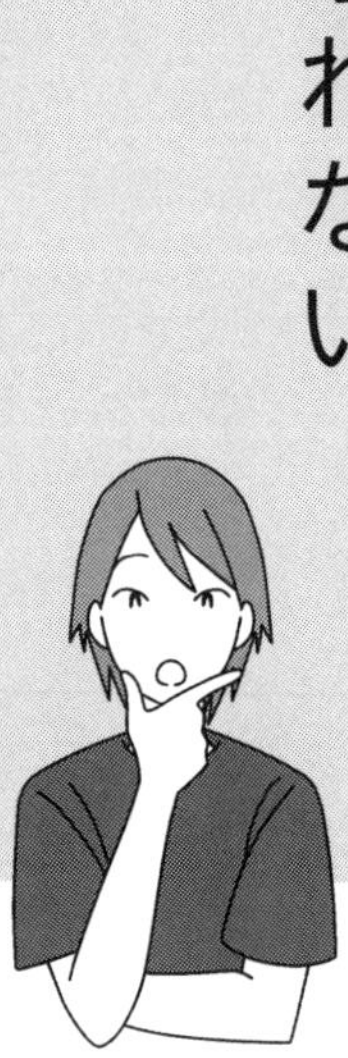

武器24

パーツに分けて
特徴的な部分を
覚えていく

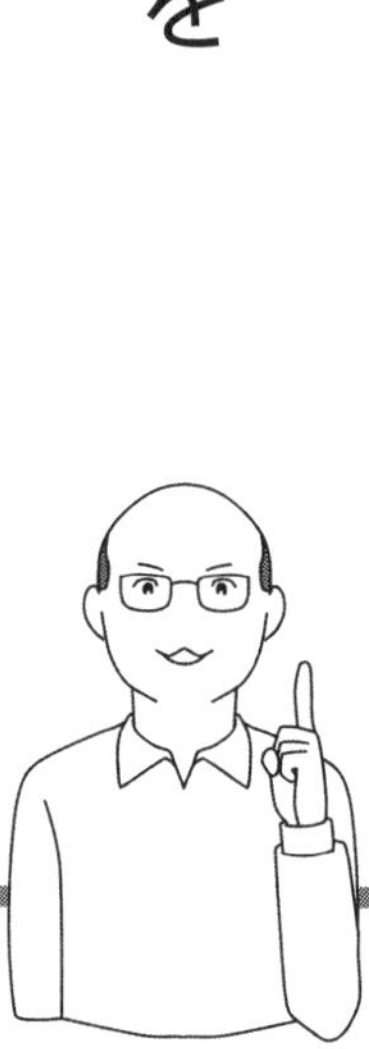

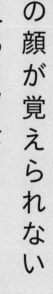

生まれつきの相貌失認そのものを改善する方法は、今のところわかりません。残念ですが、その点はひとまず諦めましょう。私自身は、研究の結果、次のようなテクニックを使って相手を覚えるようにしています。先天性相貌失認の人でも、10程度の顔のバリエーションを区別する力は持っています。それをいかに効率よく使うかがポイントです。

【相貌失認カバーテク1】　相手の特徴をつかみ、文字化する

相手と会っているときに、その人の特徴を把握します。**名前や肩書きに加えて、メガネ、アクセサリー、顔の形、髪型、持ち物……などを把握し、その場でメモ**します。そのメモを名刺に書き込んだり別にノートを作ってまとめておいたりして、定期的に見返します。大量の情報が一度に入ってきても、際立った特徴は見つけやすいというのは、体験的に理解できると思います。

たとえば、たくさんの商品が陳列されているショップの店頭でも、自分の好きなブランドのアイテムはすぐに見つけることができますよね。これを「示《し》差《さ》性《せい》が高い」といいます。ポイントは、相手の特徴を写真に撮るような感覚で捉えること。実は、銀座などの高級クラブの売れっ子ホステスさんたちの中には、お客様の情報をまとめたノートを週に1回必ず見返すという方がいるそうです。こうしたことを根気強く繰り返すことで、たとえ数年ぶりに来店した客であろうと「○○さん、お久しぶりです！」と接客できるようになるのだといいます。一般的な記憶の8割は1週間でなくなるといわれていますから、週に1回見返すというのは理にかなっていますね。

【相貌失認カバーテク2】　個別のパーツで記憶する

脳が顔を認識する作業において、全体を見分ける場合と、個々のパーツを見分ける場合とでは使う場所が違うといいます。相貌失認ではない人は、これを同時並行で行っているわけです。

一方、先天性の相貌失認の場合は、全体を見分けにくい傾向があることがわかっています。そこで、**個々のパーツだけに集中して記憶する**ようにします。目、鼻、耳、耳たぶ、口・唇、顔の形など、パーツごとに大きい／小さい、一重／二重、細い／太い、横長／縦長……などの際だった要素を使って見極めます。

日本人の顔では、特に目に特徴が現れやすいようです。また、耳も「耳紋《じもん》」があるといわれるくらい、いろいろな形があります。反対に鼻はせいぜい3パターンくらいにしか分類できず、補完的にしか使えないでしょう。

慣れてくると、自分の中にいくつかの明確なタイプ分けができて、記号を付けられるようにもなります。初めのうち、自分なりの基準を作るのが難しい場合は、すでに覚えている芸能人などの顔を基準にしてもいいでしょう。「この人はタレントの〇〇さんに似ているな」というような形で覚えられればいいと思います。このトレーニングはテレビや写真を使ってでもできますので、タレント名鑑や卒業アルバムなどを活用して試してみるのもおすすめです。本当に覚えたい、覚えなければいけないのなら、自分にちょっとプレッシャーをかけて義務的に繰り返してください。

使わない方がいい「武器」もある

一見、良い「武器」のように見えても、使わない方がよいものもあります。そのリストをまとめておきます。会話をスムーズに進めたければ、これらは使わないように気を付けましょう。

●NG1　盛るはOK、ウソはNG

人としてウソをついてはいけない、というマナー的な問題以前に、テクニックとして一発アウトを導く危険なプレーです。会話に臨む上で重要な**「目の前のことに新鮮に驚く」というスタンスを失って、気持ちの柔軟性がなくなってしまう**のです。

一方で、話を「盛る」のはOKです。元の話を、ディテールを多少大げさにしてわかりやすく話すことは、ウソではなくデフォルメです。むしろ私は、おすすめするくらいですね。ウソと「盛る」の違いは、実際にその出来事が起こったのかどうかということです。事実を捏造してウソをつくと、詳細な話ができなかったり、そのときの感情を描写できなかったりして、破綻しやすいのです。**ウソは事実に比べて、圧倒**

的に解像度が低いんです。ウソをついていると必ず態度に出ますし、バレたらその相手とは会話できませんからね。

●NG2　「知っていること」を知らないフリをして聞く

これまでにも何度か触れていますが、事前に調べた「確実なQ&A」を、さも初めて聞くかのように使うのはおすすめしません。それでは会話に素直に驚くことができなくて、相手に報酬を渡せません。**あらかじめわかっている答えをなぞるような質問は、「安心したい」「危険を冒したくない」という、自分のための行動です。**会話は相手のためにする、という原則からはずれてしまっているのです。何より、知らないフリをするって、相手に対して失礼じゃないですか？

●NG3　知ったかぶりは大損

「知らない」が最強のカードということは、**「知ったかぶり」は大損**だということでもあります。知らないことは知らなくていいんです。中途半端に知っているフリをすると、相手はそこまでの説明を省いてしまいます。そのせいで、聞いておくべき話が削られてしまっているかもしれないのです。

知らない人に対して「え？　そんなことも知らないの？」という態度に出る人は、マウンティングしているだけですよね。そこは、心のなかで「かわいそうな人だなぁ」と思って、「すいません教えてください」と説明してもらいましょう。面倒くさいタイプの人が一方的にしゃべってくれて、知識も増えて、一石二鳥ですよね！

●NG4　自慢話は相手の沈黙を招く

会話の目的を「相手にしゃべらせる」ことだと捉えていれば、自分が自慢することにはならないはずです。逆をいえば、自慢をしている状態は「自分がしゃべってしまっている」ことでもあります。**自慢ばかりする人に対して、自分のことを話してみようと思う人はあまりいないですよね。**そうなるとカードもドローしにくくなってデメリットしかありません。とはいえ、これをやりたくなってしまう気持ちもわかるので、自分としても改めて強烈に戒めたいところです……！

●NG5　「でも」「だって」は会話の熱を冷ましてしまう

相手の話している内容に納得がいかなくても、それを会話内で否定することは避けましょう。「でも」「しかし」を控える、という話を第2章で述べましたが、**たとえ相手の意見が否定的に思えても、「嫌い」や「違う」などのワードは極力控えましょう。**聞き流すか、積極的に同意しない程度に抑えておくことが得策です。

討論ではないので、相手を言い負かすことが目的ではないし、**議論を通して相手の考えを変えさせるのは、ほとんど不可能です。むしろ、なごやかな会話の中でこそ、相手の考えが変わることがあります。**

使わないに越したことはないのですが、「**ちょっと別の話をしませんか？**」というフレーズを憶えておくといいかもしれませんね。ここでのポイントも、「その話は止めましょう」という否定的ないい方ではないことです。

●NG6　下ネタ、政治など地雷を踏む可能性のあるテーマは親しくなってから

下ネタそのものがいけないわけではありませんが、初めて会話する相手や関係性の浅い人の場合はやめておきましょう。一般的には、「政治」「宗教」「スポーツチーム」の話は避けよ、といいますよね。**テーマによっては意見が対立したり、相手を不快**

にさせてしまったりする可能性があるということです。スポーツの場合は、応援しているチームが異なると争いになりやすいという理由なので、「あのチームや選手が素晴らしい」ではなく、「サッカーっていいよね」みたいな一般的な話し方は問題ないと思います。

「病気」「差別」「恋愛」も同じですよね。最近はこれに加えて、安易に「セクシャリティ」や「家族」の話をしないほうがいいというのも常識化し始めています。私は、仕事で家族の話を聞く際は、「お父さん、お母さん」ではなく「親御さん」という言葉を使うようにしています。これは、いろんな事情で両親のどちらかがいない可能性が決して少なくないからです。これらのテーマに共通するのは、遊び半分で聞いてはいけないということ。少なくとも最初の会話は「どうでもいい、ムダな雑談」なのですから、深すぎるテーマより、遊び半分のテーマが適しているんです。ただ、向こうから話してくれた場合は、全力で受け止めましょう。

●NG7　「がんばってください」が逆効果のケースもある

「でも」「しかし」を、否定的な意図がないのに口ぐせのように使ってしまっている場合と同じように、つい口に出てしまう常套句的な表現でNGなものもあります。たとえば、私は決して別れ際に「がんばってください」といわないようにしています。それは、**相手に対する応援の気持ちや親しみを感じていることを「命令形で表現」するのに疑問がある**からです。いわれたほうは「わざわざいわれなくてもがんばってるよ」とか「自分にはがんばりが足りないのか？」と思っても不思議はないですし。

私はラジオパーソナリティーですから、表現にはこだわるべきだと思って、「がんばってください」を禁句にしよう、とはっきり自分のルールにしました。ただ、そういいたくなる気持ちになることはあります。そんなときに自分の気持ちに向き合ってするっと出てきた言葉が、「いいことがあるといいですね」でした。禁句を作ると、新たな表現が生まれることもあります。

●NG番外編　反省はしても後悔は不要！

誰でも最初から「武器」がうまく使えるわけではありません。うまく使えるようになったと思ったら、会話のレベルが上がってきたことで、新たな壁にぶつかることもあります。面白くしなきゃとがんばりすぎて、どんどん空回りすることもあります。

いわゆる「スベリ」や、やりすぎが起こることもあるでしょう。

私は、今後に活かすための検証はいくらでもしたほうがいいと思いますが、**はっきりいって「後悔」は無用**だと思います。体育会的にいうなら「どんどんスベれ」とか「痛みがあってこそ強くなれる」という感じになるのでしょうが、別のいい方をすれば「スベればスベるほどカードも増える」「その瞬間は痛くても後日強力なカードにできる」「スベった話は成功話よりずっと聞いてもらえる」「やりすぎたからこそネタになる」んです。入社直後のあいさつでウケようと空回りして、「1、2、3、ダァーッ!!」と絶叫してしまい、全員からドン引きされたことのある私がいうことだから信じてください！　当時はものすごく落ち込んでキツかったけれど、今ならこうしてネタとして披露できるんです。むしろ、**失敗が怖くて実践しないほうが、もったいない**ですよ。

ちなみにこれが、コミュニケーションにおいて、気持ちの力で乗り越えなくちゃいけない数少ないポイントです。

【武器を使ってみた！】サロンメンバーによる実践レポート分析

ここまで紹介したさまざまな「武器」を組み合わせ、実際の生活の中で使ってみたらどのようなことが起きたのか、「サロン」の参加者のみなさんから報告をいただきました。その中から5人の方のレポートを再構成して紹介、解説します。「武器」の使い方のリアルな例として、使用感と反省、検証のスタンスなどをくみ取ってもらえればうれしいです。特に、会話の練習場所として使いやすい、美容院での実践例をいくつか紹介しましょう。

「美容院で使ってみた」　Aさん

これまで2回通ったことのある美容院で美容師さんとの会話を、できる限り続けてみることを目標にしました。いつもは「話しかけないでオーラ」を出して、なるべく話さないで済むようにしてしまっていました。今回で3回目……のはずだったのですが、予約した日に担当の美容師さんが非番で、結果的には初めての美容師さんに担当していただくことになりました。

あらかじめ、いくつかのカードを用意していきました。その中で、私が大学生だということはお店側に伝わっていたので、

「美容院のすぐ近くにある大学の学生」

「もうすぐ学園祭がある」

「大学の隣にあるコンビニによく行く」

「大学で聴覚障がい者支援のボランティア活動をしている」


などのネタをいつでも「使える」ようにしておきました。

美容師さんから「きょう小道具を持った人がたくさん大学に入っていくのを見たけど、何かイベントがあるの?」と聞かれたので、早速「学園祭」の話が出せました。大学に人が集まると「隣のコンビニ」から商品が消えてしまって困る、という話につなぐことに成功。

すると美容師さんもそのコンビニに行くことがわかり、お弁当が品薄だったり飽き

てしまったりしたときにはどうしているのか質問したところ、「最近はUber Eatsをよく使うようになった」という情報を引き出せました。

私は使った経験がなかったので、どのようなものか掘り下げたら、忙しくて休憩時間が10〜20分しかないときには、出かける必要もお金の受け渡しも必要なく便利だと教えてもらいました。美容師さんの昼食事情と最新のUber Eats情報を知ることができ、会話としても結構盛り上がり、初めての美容師さんと結構仲良くなれた気がします。

基本的に相手の話を聞くようにしながら、話が続くようにいろいろな話題を事前に用意しておいたのが良かったと思います。これからはできるだけ「話しかけないでオーラ」を出さないように心がけようと思いました。

素晴らしい！　繊細な人がみんな悩む典型的なシチュエーション、美容院での成功例ですね！

いろいろ準備して臨んだ上で、でも自分から話し出すわけじゃなく、いい質問ができているのが素晴らしいポイント。**いい質問が意外な答**

えを呼び、そこをさらに質問にして返すことで会話が広がっていく。

その場だけでなく、自分がまだ知らない情報も得ることができたわけで、今後いつでも使えるカードも増えて大成功ですね！　これからは他の知らない人としゃべるときにも、同じやり方が使えますよね。

「美容院で使ってみた」　Bさん

私も美容院で試してみました。今までは美容院という空間が苦手だったんですが、とにかく滞在時間を楽しく過ごせることを目標に、次のポイントを意識して実践してみました。

・会話の中からカードをドローする
・番組のMCになったつもりで相手の「打てば響く」ポイントを探る
・いつでも「えっ？」といえるスタンスを保つ

私を担当してくれている美容師さんは人気のある方で、SNSに数万人単位のフォロワーがいます。事前にSNSで美容師さんが近々独立されるという話を仕入れていたので、スタートからその話についていろいろ質問し、話題にはこと欠きませんでした。競争の激しい東京でこれから美容院を経営していくことへの決意や、お店作りのコンセプトについて聞くことができました。「初めて美容院に来る人へのハードルを低くしたい」とおっしゃっていたのが印象的でした。私も上京してきたとき、東京の美容院に入るのに勇気が必要だったので、すごく共感できました。

話題が豊富だったせいか、いつもより気兼ねなく過ごせて、今までで一番盛り上がった時間になりました。また、会話を続ける中で、相手に響いていること、響いてなさそうなことを観察しながら深掘りするかしないかを決め、その結果カードがさらにドローできることに、ゲーム的な楽しみが感じられました。

一番笑ったのは、SNSがらみの話題から広がった「知らない人から4日に一度必ず『○○買いませんか？』という同じ文面のツイッターDM（ダイレクトメッセージ）が来る」という話。半年以上続いている謎のDMで、しかも誕生日には、わざわざ「お誕生日おめでとうございます」という文言が付いてくるそうで、とても楽しい話でした。新しいお店にも必ず行くことを約束して別れました。

実践レポートとしても大成功ですが、この話自体が、すでにひとつのエピソードとして面白い！　美容院を典型的なシチュエーションとして何度も取り上げましたが、実は美容師さんたち自身も話題に悩んでいるんですって。個人情報にうるさい世の中ですから、「お仕事は？」とか「どちらにお住まいで？」とか聞くと、お客さんから怒られてしまうこともあるそうです。こんな風に美容師さんと会話が成立していると、その場も楽しいですし、敵じゃないよ味方だよ！　という仲間意識が芽生えますから、髪型の細かいリクエストも気兼ねなく相談できそう。

カットやカラーをしてもらってから「どこか気になるところはありませんか？」と聞かれて、コミュニケーションが成立していない人に「ホントはもっとここを直してほしい」とかいうのは勇気がいると思いますが、雑談が成立している相手にはいいやすいですよね。美容院に行く一番大切な目的が、雑談で達成できますね！

「美容院で使ってみた」 Cさん

もう5～6年間同じ美容師さんにお世話になっているのですが、私はもともとコミュニケーションが苦手。他人にあまり興味がない自分優先タイプで、美容院の時間が苦痛でした。

美容師さんは毎回「髪型はどうしますか？」と聞いてくれます。私も本当はずっと同じ髪型で飽きていたのに、つい面倒で「いつもと同じ感じで」といってしまうのです。ここを越えなければいつまでも変われないので、今回は違う展開を目指しました。

・「髪型を変えてみたい」→「最近どんな髪型が流行っていますか？」
　と質問してみる
・その後も、とにかくいろいろ質問をしてみる

なんとか無事に髪型についての相談を終え、カットしてもらいながら質問を口にし

てみたのですが、好きなバンドの話題で共通点が見つかりました。そこでちょっと盛り上がったのですが、つい私の悪いクセが出て、自分が知っていることばかりをしゃべってしまい、その後はほとんど美容師さんの話を聞けずに終わってしまったのです。

今考えれば、相手がどうしてそのバンドを好きなのか、それはどんな経緯だったのか、などと掘り下げた方がずっとよかったと後悔しています。そこからさらに会話が広がったはずなんです。相手に対して本質的に興味がなく、どうしても自分の話したいことを優先してしまうことに根本的な原因があると痛感しました。舞い上がってしまうとドローの感覚が鈍ってしまうわけです。このあたりを今後改善していきたいと思います。

勇気を出してまずは質問を使っているところ、すごくいいと思いますし、以前の状態からは大幅改善ですよね！　ドローする感覚が鈍ってしまう、というのもわかります。その難しさ、カードを引くチャンスを逃したのがもったいなかったという気持ちがあるんだから、次はき

っとうまくいきますよ！

Cさんもご自分でおっしゃっていますが、**相手に興味がないのが問題と把握できているなら、ほぼ乗り越えたも同然。**誰とも仲良くなりたくない、って本当に思っている人なんていないですから、乗り越えたらいきなり楽になりますよ！

「職場で使ってみた」 Dさん

雑談も、自分のことを話すのも苦手で、職場でも同僚との会話が途切れがちなのが悩みでした。

「自分が話したいことを相手に質問する」という武器を試してみようと思いました。また、自分の質問が抽象的だから相手が答えに悩むのではないかという気もしていたので、「具体的なモノ」、特に固有名詞に話を寄せていくよう心がけました。

職場のシニア世代の方たちとの会話の中で、子ども夫婦がお孫さんに変な柄のTシャツを買い与えていた、という話をしていました。それを聞いて「そういうTシャツってどこで買うんですか？」と聞いてみたところ、某全国チェーン衣料品店の名前が出てきました。そこで、「若い人の間ではそのTシャツ結構流行っているんですよ。ご自宅の近くにお店があるんですか？」などと質問でどんどんつないでいったところ、さらに周囲の人も話に加わり始め、いつのまにか自分の持っている変なTシャツ自慢大会のような流れになりました。意外にも変なTシャツを持っている人がたくさんいて、思わず「えっ？」とたくさん聞き返していました。私も、前後にブロッコリーがプリントされているTシャツに一目惚れして、わざわざ専門店から取り寄せたという話を披露できました。

自分が質問をすることで、意外な答えが返ってきて楽しく会話できました。自分の考えを表に出してもいいと実感できましたし、そのことがあってから周囲の方たちもいろいろ話しかけてくれるようになりました。「ブロッコリーのTシャツの人」みたいなキャラ付けもしてもらえて、職場での居心地もかなりよくなりました。

大ヒットですね。なんなら、これから毎日変なTシャツを着て会社に通いましょうか（笑）？

意識して実践した部分以外にも、いろいろいいポイントがありました。まず「Tシャツ」というカードをドローできたことで、ほとんどすべての人が持っているであろう話題に持ち込めたこと。**誰もが語れるカードを意図的に使うと、こんなに有効なんですよね。**Tシャツ以外でも、学校生活とか、肩こりとかラーメンとか、いろいろ考えつきますよね。

それにしても、変なTシャツって着ているだけで即カードになるんですよね。私もいろいろ変なTシャツを持っていて、着ているだけでいろんな人が食いついてくれて、会話のきっかけになりますよ。

「公園で使ってみた」　Eさん

ある休日、近くの大きな公園で「ポケモンGO」をやっていたら、聖職者の格好をしている外国人男性2人に「ポケモン好きなの？　オレはウインディが好きだよ」と英語で話しかけられました。

今までの自分なら、こんな方たちから話しかけられたら、英語が話せないからとか、宗教の勧誘じゃないかとか、マイナスの感情ばかりになって立ち去ってしまったと思いますが、ちょうど「サロン」で培ったスキルを活かせるいい機会と考え、勇気を出して頭の中でいろんなカードをドローしました。

まず拙い英語で「自分もポケモンが好きだ」と伝え、親戚がオーストラリアに住んでいる、自分の地元には米軍基地があってアメリカ人がたくさん住んでいる……などなど、あれこれ頭に浮かんだことを描写したところ、実は2人は流暢な日本語を話せたということもあって、自分でも驚くくらいいろいろな話ができました。

1人はアメリカ・ユタ州出身、もう1人はシドニー出身のオーストラリア人で、吉祥寺の教会に下宿している留学生でした。

オーストラリア人の方が、家系ラーメンが好きだというので、個人的にその界隈で一番と考えているお店を教えてあげました。「時間が合えば教会に見学に来てよ」といわれたのですが、あろうことか連絡先を交換するのを忘れてしまいました。そのうちまた会える日が来たらいいなと思います。

すご！　いきなりワールドワイド！
知らない人と突然会話が始まるケースですね。急に会話が始まりそうになるイベントからはどうしても逃げたくなる。そこを乗り越えたことがまずすごい！　しかも、すごく落ち着いてカードを整理して、お互い「どうでもいい雑談」が国を越えてまでできたって、良い経験ですね。こういう突発的な出来事からも共同体を見つけられるかもしれないわけですよね。

雑談って、世界を大きく広げてくれる、大げさにいえば、生きる場所を増やしてくれる、最強のスキルなんです。

番外編

オンライン
コミュニケーションのコツ

これまで経験したことのないコミュニケーションの形

新型コロナウイルスの感染拡大で、私たちはこれまでに経験したことのない自粛生活を強いられました。人との接触を極力減らすため活用されているのが、オンラインでのコミュニケーションです。新型コロナウイルスの登場以前はほとんど活用されていなかったですが、今となっては当たり前ですし、感染が収まったとしてもオンライン会議が定着するのはほぼ確実です。

私も、1日に3本や4本のウェブ会議があることは普通でしたし、取材やインタビュー、番組の収録や生放送がリモートになったのも、10本や20本ではありません。一時期は、オンライン飲み会も毎週末ごとに行っていました。この本を作るために行ったサロンは、感染拡大前にすべての日程が終了していましたが、拡大後だったら、オンラインで行われていた可能性が高いです。

この本では、コミュニケーションの中で「会話」や「雑談」をいかに心地よいものにしていくかについてお話ししてきましたが、直接会わないオンラインコミュニケーションは勝手が違うので、戸惑ったという声を多く聞きました。そこで、サロンメンバーや私の知り合いなどに聞いた体験談や、私自身の経験も元にして、オンラインでのコミュニケーションについても考察してみたいと思います。

オンライン会話のメリット・デメリットとは

みんなが初めてのことなので、**オンラインで会話する際の作法やルールが、まだできあがっていません。**ネットさえつながっていれば、どこにいても相手の顔を見ながら会話できるという便利さがあるのにもかかわらず、これまでオンライン会議は一般的ではありませんでした。便利な反面、なんとなくやりにくくて、ストレスを感じる理由があるんだと思います。

では、対面での会話と、オンライン会話では何が違うのでしょう? 簡単にオンライン会話の特徴をまとめてみました。

オンライン会話の特徴

【メリット】

・移動しなくていい↓その場にいない人を急きょ参加させることもできる
・相手の目を見なくていい↓ラクに話せる
・かなりの大人数が会話に参加できる
・チャット、文字でのコミュニケーションもできる
・画面共有ができる
・「会議室の予約時間」などの外的要因で会話を終わらせる必要がない

【デメリット】

・相手の反応を読み取れない
・タイムラグがあるので、相手の発言とかぶったり、遠慮し合って変な間ができる
・多くの場合はプライベート空間にいるので、仕事として緊張感を持つのが難しい
・終わらせる時間が決まっていないと、切り上げる理由がない

オンライン会話の方が、実はラクな部分もあります。たとえば、直接相手の目を見ることが苦手な人でも、パソコンやスマホのカメラを見るのは、それほどの抵抗はないと思います。また、リアルな飲み会では、人数が多くなると、話すときいくつかのグループに分かれてしまいがちですよね。8人ぐらいのグループだとすると、4人ぐらいのグループが2つできたりするのが一般的ではないでしょうか。これが、オンラインでの飲み会だと、10人でも20人でも、同じ話題を共有することができます。

こうして見てみると、実際の会話とオンラインでの会話には、どうやら本質的な違いがありそうです。オンライン会話にストレスを感じている人は少なくないと思いますが、それは**オンラインで「できること」と「できないこと」の区別が曖昧だから**ではないでしょうか。個人としてもそうでしょうし、社会全体でもその区別はまだ共有されていないでしょう。先ほども述べたように、オンラインコミュニケーションの作法やマナーも、まだはっきりとは存在していません。

対面での会話とオンライン会話は違うものであり、オンラインではどうしてもできないことがあるわけです。それを「どうしてできないんだろう？」と考えてしまっているため、原理的に解決できないことにこだわってしまい、ストレスを感じている……ということが少なくなさそうです。

リアル会話の武器は、どのくらい使えるのか？

オンライン会議は「仕事」をきっかけに大きく広がりましたが、人間的な感情が大切にされるような「会話」は、オンラインで代替されることはあまりありませんでした。オンラインで冠婚葬祭を行うというのは、新型コロナ感染拡大の状況下でなければ、相当不自然です。今後も、恋人や気になっている人と直接会う「デート」がオンラインで代替されることは、ほぼないと思うんですよね……！

要件を伝えたり、決まった議題を話し合ったりするビジネストーク、白井先生が教えてくださったいわゆる**「制度的コミュニケーション」はさほど問題なくできそう**です。しかし、この本でテーマにしてきたような雑談、つまり**「交話的コミュニケーション」は難しい**といえそうです。

では、この本で紹介している武器は、どれくらいオンラインで使えるのでしょうか？　○×△でチャートにしてみました。

●オンラインでも使える武器・使えない武器○×△チャート

△　武器1　相手の言葉を「オウム返し」すれば会話は続く
　　↓会話にタイムラグが発生するので、うなづきで代用しよう
○　武器2　とにかく疑問形で話をしよう！
△　武器3　最強の相づち「えっ⁉」「あっ！」を駆使する
　　↓タイムラグがあるので、言葉ではなくオーバーめのリアクションに
○　武器4　頭に浮かんだ感情をそのまま言葉にしてみよう
○　武器5　「先入観」や「勝手なイメージ」をぶつけてみる
○　武器6　「相談する」というスタイルは万能！
○　武器7　「共同体への貢献」をアピールすることがポイント
○　武器8　自分の「話したいこと」「得意なこと」から話し始めよう

○ 武器9 魔法の言葉「ＨＯＷ」を活用しよう！
○ 武器10 定番ネタを掛け合わせて疑問形で話そう
○ 武器11 相手ならではのカードが引けるまで定番ネタでつなぐ
○ 武器12 定番ネタに感情と感想を乗せる
○ 武器13 自分が話したいことをまずは相手に質問してみる
○ 武器14 相手が話し始めるまで自分の体験や感情を細かく描写していく
○ 武器15 具体的な「モノ」や「こと」に寄せるとニーズが見つかる
○ 武器16 知らないことを「教えてもらう」ことで会話が進む
○ 武器17 相手から出てきた「重そうな話」は必ず聞いてあげる
○ 武器18 相手の「空白」や「スキマ」に質問のヒントが隠れている
× 武器19 相手の視線から会話の糸口を見つける
↓相手の視線がわからないので使いづらい
○ 武器20 話の感想を述べるとクロージングがしやすくなる
◎ 武器21 鏡に自分を映したり会話を録音・録画して客観視する
↓録画できるなど、画面に映る自分を観察しやすい

○　武器22　マウント感情を「アピール」から「貢献」に変える
○　武器23　マウントを取られたら「すごい！」と奉ってしまおう
◎　武器24　パーツに分けて特徴的な部分を覚えていく
↓画面に相手の顔と名前が出ているので覚えやすい

この本は「交話的コミュニケーション」を実現するための本なので、実は紹介している武器のかなりの部分が、オンラインでも使えます。むしろ、より一層効果を発揮する武器も多いはずです。

オンライン会話のお悩み解決策を考えてみた

それでも、オンラインならではのやりにくさはあります。
それぞれ、どうやって解決すればいいか、考えてみましょう。

Q　会話にタイムラグがあって反応が難しい

A　オーバーめにリアクションしよう

当たり前ですが、対面の会話にはタイムラグや遅延はありません。ですが、オンライン会話では原理的にタイムラグが発生します。ネット環境によっては、かなり気になるレベルで発生することも少なくありません。

そんなコンマ数秒に過ぎない小さなことなんて、気にならないよ！　と思うかもしれませんが、実は、かなり重大な問題です。

会話のリアクションがどのくらいの速さで返ってくるかで、私たちは会話の熱量を無意識に判断しています。面白ければ「瞬間的に」笑いが起きますし、そうで

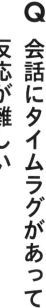

なければ「ワンテンポ遅れて」愛想笑いが発生します。また、本当に怒っている人は、相手の話を最後まで聞きません。

オンライン会話はタイムラグがあるものだと頭ではわかっていても、気持ちとしては、無意識に「あれ、この会話、相手につまんない、って思わせてるかな」と判断してしまいます。これは、相当なストレスです。

だからといって、リアクションを速くするなんてこともできません。相手の話を最後まで聞いてからでなければ、芯を食ったリアクションはできませんから。まずは**「オンライン会話のときは、反応が遅れて返ってくる。このストレスは、原理的になくならない」と腹を決める必要があります。**これが発話する側の心構えです。

逆に話を聞く側としては、リアクションを工夫する必要があります。

声に出す相づちを良いタイミングで繰り出すのは、対面の会話でもそこそこ慣れが必要なのに、オンラインだとさらに難しいものになります。なので、基本的に声の相づちは打たない、と決めてしまってもいいかもしれません。ただし、しゃべっている人にとって、リアクションは最大の報酬です。聞いている方が何もリアクションをしないのはありえないことです。オンラインでは、**オーバーめの反応を、身振り手振りで返す**といいでしょう。それが恥ずかしいという方は、オンラインツールに用意されていることが多い、「拍手」「いいね」などの機能をどんどん活用するべきでしょう。こういうツールが用意されているということは、ツールを作る方々も、このリアクション問題に気がついている証拠でしょうね。

Q　発言するタイミングが計りづらい

A　手を挙げよう！

タイムラグのもたらすもう一つのデメリットが、発話するタイミングの難しさです。話している人の発言が終わるまで待っていたら、他の人と発言するタイミングがかぶってしまった、ということを多くの人が経験しています。オンラインでは場を共有していないので、誰かが発言しようとしているという雰囲気を察知しにくいのは確かです。同時にしゃべり出して、「あ、どうぞどうぞ」と譲り合ったり、逆にそれを避けようとして空白ができたり……。これ、私もとてもよくやってしまいます。ただ、タイムラグがある以上はもうしょうがない、と腹を決めるべきポイントです。

ここはもう、学級会のときのようにいきましょう。そうです、**手を挙げましょう！** 画面内でリアルに手を挙げるか、手を挙げるツールがあればそれを使いましょう。チャットで「しゃべりたい」という意志を表示するのもいいでしょう。一般的な会議でも司会進行役の人がいることが多いと思いますが、オンラインでは発言順をきれいに整理してもらう意味でも、司会を立てるのが理想的です。

Q 会話がうまく回らない

A 会議でも飲み会でも司会を立てよう！

司会を立てることには、他にもメリットがあります。

先ほどもちょっといいましたが、オンラインのコミュニケーションは「会話が一つになる」という特徴があります。

私には中学生の娘がいますが、娘の学校は、新型コロナウイルス感染拡大防止の休校中は、いくつかの授業がオンライン化されていました。それを横からのぞいていたことがあるのですが（これもオンラインでないとできないことですよね）、娘はちょこちょこマイクをミュート（消音）にして、関係ないことや授業内容に対しての反応を声に出したりしていました。もしこれを、実際の教室でみんながやっていたら授業は成立しなくなってしまうかと思いますが、オンライン授業は滞りなく進んでいました。

オンラインでの会話には、こういう特徴があるのです。ときどき先生に「吉田さん！」なんて当てられていましたが、授業における先生は、まさに会話の司会でもあります。

先ほど挙げた例でいえば、リアルの飲み会では少人数グループに分かれるのが普通ですが、オンラインでは何十人いても一つのグループになることができます。だからこそ、**「話を配分する人」＝司会が必要**なんですよね。「飲み会で司会？」と違和感を感じるかもしれませんが、みんな仕切ってくれる人を待っているな、とつくづく感じます。私は、オンライン飲み会に呼んでもらった場合、ほとんど司会してしまっていました…！　マウント気味でお恥ずかしいです。

Q 音声が途切れたりして相手の話を聞き損ねてしまった

A 勇気を持って、改めて聞き直す！

対面では、「あの人には話が聞こえていて、あの人には話が聞こえていない」なんてことは起こりません。一方で、オンライン会話ではネット環境は人それぞれで「一人だけ話が聞こえていない」ということが起きがちです。でも、「私、聞こえてないです」と告白するのは、奥ゆかしい大多数の人にはかなりプレッシャーとなると思います。

相手側の画面が止まってしまったり、音声が聞き取りにくかったりした場合は、遠慮せずに伝えましょう。そのまま会話を続けてしまうと、誤解やすれ違いが生じる可能性もあります。相手がクライアント先や偉い方であれば、伝えないとより大きな問題に発展する可能性もあります。私も何度か経験したのですが、「聞こえない」というのは、聞いている自分の環境が悪い場合もありますが、話している側のマイクや回線のトラブルであることも多いんです。そんな場合は、しゃべっている本人は気がつきません。**指摘してあげることこそ、マナー**ではないでしょうか。

あと、ちょっとズルいテクニックとしては、ホントはぼーっとして聞き逃していたんだとしても、ネット回線のせいにしてもう一度聞き返す、なんてこともできてしまいます。本当は、そんなテクニックはダメですけどね！

Q　話が広がりにくい

A　相手の画面に質問をぶつけよう！

オンライン会議では、狭い画面に映っているものがすべてです。

オンライン会話中に子どもやペットが画面内に乱入してきて、場が和んだという経験はありませんか？　会社で会話しているだけでは、相手のそんな一面に気づくことがなかったかもしれません。**関係ないものが映った瞬間こそ、質問カードをドローする大チャンス**です。そこから、「犬がお好きなんですか？」とか「お子さん何年生ですか？」とかどんどん雑談をした方がよいと思います。ビジネストークや制度的コミュニケーションはできても、雑談や交話的コミュニケーションがしづらいのがオンライン会話の泣きどころですから、こういうチャンスは積極的に活かしていきたいですよね。

加えて、相手にも、**自分に対して興味を持ってもらえるようにしたほうがいいでしょう。**

たとえば、自宅からオンライン会話をする場合、自分の背後にあえて「相手が気にしてくれそうなもの（たとえば好きなアーティストのポスターとか、アニメのフィギュア、ペットなど）」を映し込んでおくのは、押しつけがましくなくていいですよね。自分で○○が好き！　と宣言するのとは違い、相手には無視する自由もあるわけですから。

これは、どこから配信するかを選べるオンラインならではの武器かもしれません。

相手の背後にあるものや聞こえてくる音などには、「あ、いま救急車が通りましたね」とか「ピンポン鳴ってませんか？」など、どんどん触れていきましょう。

そして、本編にも出てきていますが、**「ＷＨＹ」ではなく「ＨＯＷ」で質問すること**を忘れずに。たとえば山の風景写真が後ろに飾ってあったら、「なぜ、その写真を飾ってあるんですか？」ではなく、「自分で撮ったんですか？」「どうやって手に入れたんですか？」とかですね。自分で選んだバーチャル背景（ツールによっては、好きな画像を背景に入れ込めるサービスもあります）を使っている人なら、その人なりの考えもあるでしょうから、それに触れてあげるといいでしょう。趣味を最大限に発揮して、自分も好きなものに関する背景画像を使ってみるのもいいかもしれませんね。
私も、自分の名刺画像とSNSのQRコードを表示している人や、自分の座右の銘を映している人と打ち合わせでご一緒したことがあります。息の詰まりそうなオンライン会議で、数少ない自由を感じられるポイントなので、背景では存分に遊んだほうが、みんなにとってプラスですね。

最後に身も蓋もない話ですが、予算や環境によってままならないことも多いでしょうが、インターネット回線やカメラやマイクの品質は、高ければ高いほどお互いにとって有益なのはまちがいないです。

オンラインコミュニケーションが教えてくれたこと

オンラインコミュニケーションは発展途上にあります。その中での作法やマナーなども、今後作られていくでしょう。また、通信のクオリティが上がっていけば、より多くの情報をやりとりすることができるようになって、会話の性質も変わっていくと思われます。

ただ、オンラインコミュニケーションの普及によって、**リアルな会議って、単に連絡や議論をするための場というだけでなく、親睦を深める場でもあったんだ、**ということが改めて浮き彫りになりました。同じ時間に同じ場所に集まって、同じテーマについて話し合う前後に、「娘さん最近どうしてるの？」とか軽い会話をすることが、とても重要だったわけです。会議の議題に参加するときよりも、そんな他愛のない会話にどんな態度で参加するかの方が、その人が集団に対してどう思ったり感じたりしているかを、はるかに雄弁に物語っているわけです。

結局、本当に大切なことだけをやりとりするなら、顔を見なくてもいい。電話でも、文字だけでもかまいません。でも、わざわざ顔の見えるオンライン会議を選ぶのは、**私たちは本質的に「雑談」というコミュニケーションを求めている**ということの証拠だと思います。今後、直接会う会議がまた自由にできるようになったら、むしろ、たくさん雑談したくなりませんか？　オンラインコミュニケーションは、「私たちが本当は雑談が大好き」ということを教えてくれたんではないでしょうか。

第４章

「怖い」を乗り越えた先にあるもの

「ツッコミ」には、コミュニケーションの根本が隠れていた

今回の本作りを通して、新たに考えたことがあります。それを「あとがき」の代わりとして、少し長めに書かせてください。

実は、1つだけ第3章に入れなかった「武器」があります。**それは【ツッコむ】です。**芸人さんたちのような、いわばプロの人たちが使うテクニックを、素人の私が解説するのはなんとも恐れ多いことなのですが……。あえて説明すると、会話をしている相手がボケてきたり、楽しませようとしてちょっと変わったことをいってくれたりしたときには、それが面白いかどうかにかかわらず、間髪いれずにツッコみましょう、放置しないで愛と勇気を持って言葉をつなぎましょう、ということです。

とてもシンプルで有効に使えそうな武器なんですが、どういう言葉で説明するか考えているうちに、「こういう場合はツッコむといいですよ」と具体例として伝えるだけでは物足りない気がしてきたんです。

「ツッコむ」という行為自体には、コミュニケーションの根本が隠れているので

はないでしょうか？

「ツッコミ」には私たちのようなコミュ障といわれる人間、今回この本を手に取ってくださった方々の、日々のコミュニケーションの悩みの本質がある、と感じたんです。

「オードリーのオールナイトニッポン」（ニッポン放送　毎週土曜深夜1～3時）をお聴きの方なら、ときどきオードリーのお二人が、スタジオから私にアポなしで電話をかけることがあるのをご存じでしょう。あれ、本当にアポなしなんです。若干迷惑もしています。

電話の向こうの私に、若林正恭さんはどうでもいい話をあれこれと続けます。あるとき、「これからは、春日（俊彰さん）もニュース番組とかやろうと思っている」という話を聞かされたことがありました。

そのとき私は、

「え？　春日さんがですか？」

と、素直に聞き返したのです。まったく何も考えず、笑わせようという意図などまったくなく、ただびっくりしただけ。普通に考えると、ニュース番組向きなのは若林さんじゃないのかと思って、それをそのまま口に出したわけです。

すると、その瞬間、スタジオがめちゃくちゃにウケていたんです。スタジオの側から見たとき、私の「ツッコミ」がきれいに決まっていたからです。

しかし、私自身は、表現に何ら工夫もしていないし、いい方も口調も素のまま。ただ思ったことを、自分の意見を表現しただけだったんです。

これって、一体どういうことなんでしょう。

自分の常識を提示することの怖さ

「ツッコミ」には、その前に「ボケ」があります。ボケは普通、世間の「常識」からズレているものです。そこを「違うだろ！」と正す（ツッコむ）瞬間に笑いが生まれるわけです。

でも、**そもそも世間の「常識」って、かなりあやふやなもの**じゃないですか？

たとえば、男性はなぜ、公式の場ではネクタイをしなくてはならないんでしょう？寒さがしのげるわけでもなければ体を守れるわけでもないのに、苦しさを我慢しながら首からぶら下げている。ネクタイをしていないと、まわりに対して失礼にあたる場面もあったりする。そこに合理的な理由なんてあるんでしょうか？


戦国時代から江戸時代までは、男性は月代《さかやき》を剃って、ちょんまげを結っていました。この髪型は、戦で兜をかぶるには合理的だったのかもしれないけど、戦国時代が終わって兜をかぶる機会がなくなっても、それが正しい、常識的な姿として定着していました。もし現代で、そんなヘアスタイルの人がいたら、みんなひと言いいたくなるでしょう。「時代劇か！」とかね。

でも、「町中にちょんまげを結っている人はいなくて、いるとしたら時代劇のなかだけ」というのは、2020年現在の我々の「常識」です。逆に明治の初期だったら、「いや、普通にいるでしょ」といい返されるかもしれない。

実は、私たちが考えている「常識」とは、「いくつかあるパターンのうちの1つ」でしかないのではないでしょうか？　私が自分の常識に照らして発した「春日さんがですか？」という言葉は、ツッコミのようでもありながら、あくまで「吉田尚記パターン」の考えを表明しているだけなのではないか？　と思うんです。ぽろっと口にしただけなのに、笑ってもらえたのは、ラッキーでしたが。

「ツッコミ」とは、自分の考えから見て「それはおかしい」という気持ちを表明することです。「春日さんがニュース？」という言葉は、自分の確信を無意識に示していました。

「ツッコむ」時点で、「私の常識とはこうである」と提示していることになるわけです。当然、その常識がおかしければ、逆に自分が非難されたり、叩かれたりする可能性もあります。あえて非難されるような例を挙げれば、現代で「男のくせに！」なんて言葉を「ツッコミ」として使った場合、とても差別的な常識を持っていることをさらしてしまうことになるかもしれません。**「ツッコミ」はリスクを背負って使う武器**だともいえます。リアルな会話では、一般的には受け入れがたい「自分の常識」

を示してしまった場合、まわりからの恐ろしいほど寒々しい反応を受け止めなくてはいけません。コミュ障にとって、こんな恐ろしいことがあるでしょうか？　怖いですよねぇ……！

「伝える」と「伝わる」の大きな違い

コミュニケーションが下手で悩んでいる人に改めて伝えたいのですが、**コミュニケーションによって何らかの意思や思いが伝わるというのは、結果に過ぎません。**自分が思っていることを、思っている通りに相手に理解させることは、誰にもできないんです。

「伝える」と「伝わる」はまったく違います。

「伝える」というのは、自分の思っていることを、できるだけ伝わりやすくなるように演出することでしかありません。伝える側からにじみ出ているものは、自分で意識していてもいなくても、あるいは言葉にしなくても、勝手に「伝わって」しまいます。何の言葉がなくても感動は伝わるし、強い怒りの感情は黙っていてもにじみ出ます。

自分の思いや考えが「そのまま伝わってほしい！」と願うのは、「私が思っている通りに理解しろ」と命令しているのと同じです。

相手に「伝わってしまうこと」を自分でコントロールすることはできません。自分が発したメッセージをどう感じ取るかは、相手の問題だからです。コミュニケーションを通して何が伝わるのかは、こちらの意思とはほとんど関係ないんです。

そう考えてみると、**「ツッコミ」って、いってみれば「私はあなたとは違うけど、無視はしないよ」という態度の表明**です。

これって、コミュニケーションそのものなんじゃないでしょうか？

SNSのコミュニケーションが残念な理由とは

そんなことを考えていたら、今のネットの世界やSNS界隈、特にツイッターが残念な空間になっている理由がわかった気がしました。

ツイッターの世界には「ツッコミのようなもの」があふれています。自分の価値観を相手への気遣いなく書き飛ばし、身勝手な常識を無意識にさらしてしまう人がたくさんいます。「え!?」と思われたとしても、お互いが顔をつきあわせているわけではないから、自分がつらい気持ちを味わうリスクはありません。そんな無遠慮な「ツッコミ」をされても、ほとんどの人はスルーしますし、指摘してくるイヤな相手がいたら、ブロックでもなんでもしてしまえばいいわけです。**ほとんどのSNSには、コミュニケーションの「片側」しかない**んですね。

情報技術を介さない生身のコミュニケーションは、自分と相手との双方向のものです。返ってくる言葉だけではなく、無反応も、相手からのひとつの返答です。リアルな会話であれば、マイナスの反応もプラスの反応も腹を決めて受け止めなければいけない。そのことによって、本当に自分が大切にしていることに気づいたり、そのままでは受け入れられないことを学んで、表現に工夫をしたりするようになるはずです。

「おかしな自分」をさらす勇気を持とう

コミュニケーションが怖い、会話が苦手、という思いのウラには、「自分が変だと思われたくない」という気持ちが隠れているのかもしれません。

「私はあなたと違うけれども、あなたと関わりたいと思っている」という態度の表れが、「ツッコミ」です。これこそ、コミュニケーションの本質じゃないでしょうか？　その表現を工夫する方法が、この本で述べている「武器」なんです。

サロンのメンバーに聞いた悩みの中には、「まわりに遠慮して自分の意見がいえない」という声がありました。この怖さのウラには「自分が変だと思われたくない」という気持ちが隠れていませんか？　でも、**人にどう思われるかって、自分ではコントロールできない**んです。

「ツッコもう」と思っていたら、注意深く、興味を持って相手に接していなくてはいけないし、そこでちょっと変な「自分の常識」をさらしてしまったら、そのつらさは自分で引き受けなくてはいけません。その覚悟を持って会話に臨んでいたら、必ず相手に敬意と興味が湧きます。初めはうまくいかなかったとしても、根気よく繰り返していれば、あなたなりのスタイルができあがってきます。以前ある声優さんにインタビューをしていたときに、すばらしい言葉で返してもらったことがあります。曰く、**「ツッコミとリアクションは愛！」**です。

精神論は一つもいいたくないけれど、コミュニケーションについて気持ちを使って乗り越えてもらわなくてはいけないポイントが2つだけあります。**「話しかける勇気」**と**「へこまない強さ」**です。「ツッコミ」の中には、この2つが含まれています。実際に、ツッコんでくれる人との会話は、とても楽です。まず、自分が楽になって、今度は、人を楽にできる人になってください。

ずいぶん長く、ツッコミについて書いてしまいました。これが、最後に紹介する武器です。この本に書いてあるものはほとんどすぐ、ページを閉じた瞬間に、書店の店員さん相手にでも使っていただけるものです。

そこで展開される雑談は、どんなものになるか予想もできませんが、確実にあなたの人生を広げるはずです。自分とは違う他の人の考えや人生は、私たちにとって面白いものに違いありません。また他の誰かにとって、私たちの経験や物語が面白い場合だって十分あるわけです。他人の面白さに気づくのも、自分に面白さがあることを発見することも、コミュニケーションの醍醐味です。この本を作ってみて良かったのは、**勇気に対する「ごぼうび」が確実にあるんだ、と伝えられたこと**です。それを実践して、報告し、確信させてくれたサロンメンバーには、感謝しかありません。

本を作る作業は、ずっと孤独だと思っていました。今回は、私の呼びかけにアスコムさんが応えてくれて、5回にわたる「サロン」にさまざまな方が参加してくださり、意見や実践報告、さらに本作りの作業にまで力を貸してくださいました。みんなで場所と時間を共有しながら、あれこれとやりとりをして本のコンテンツを作り、読者のみなさんに届けられたのは本当に楽しかったです。ありがとうございます！

また、お忙しい中たくさんのアドバイスをいただいた柿木隆介先生、向後千春先生、白井宏美先生（五十音順）のお力で、この本には、私だけでは絶対に書けない、貴重な情報や考え方が盛り込めました。ありがとうございます。

そして、普通ではない作り方をずーっとサポートしてくれた、アスコムの村上芳子さん、小林英史さん、スタッフの増澤健太郎さん、小林謙一さん、田中嘉人さん、イラストを描いてくださった否アラズさん、ブックデザイナーの杉山健太郎さん、本当にお手数おかけしました。ありがとうございます！

この本が今までよりもよいものになっていたのなら、それは確実にみなさんのおかげです。私自身も忘れていた感覚や、深く考えていなかったことを、ツッコんでいただくことで言葉にできたからです。勇気を出して一歩踏み出してくれて、ホントにありがとう。

それでは、お会いできたら、たくさん、どうでもいい話をしましょう！

２０２０年　７月

吉田尚記（ニッポン放送アナウンサー）

Twitter:@yoshidahisanori

SPECIAL THANKS

本書の制作にご協力いただいたみなさま（五十音順）

本書の制作にあたり、たくさんの方々にご協力をいただきました。
感謝を込めて、一部の方々のお名前を掲載させていただきます。

柿木隆介先生（自然科学研究機構・生理学研究所名誉教授）
向後千春先生（早稲田大学人間科学学術院教授）
白井宏美先生（慶應義塾大学ＳＦＣ研究所上席所員）

吉田尚記コミュニケーション研究室メンバー
—
阿部太紀
石堂優花
井出瑞樹
岩井葉介
遠藤光太郎
岡田篤宜
奥平栄一
ささかなみ
佐藤
佐野智美
とある制作
冨澤茂樹
中島知
西牟田裕基
浜田周久
前川真諒
みこっち
りゅうや

吉田尚記
よしだ・ひさのり

1975年、東京都生まれ。
慶應義塾大学文学部卒業。
ニッポン放送アナウンサー。
ラジオ番組でのパーソナリティのほか、
テレビ番組やイベントでの司会進行など
幅広く活躍。
またマンガ、アニメ、アイドル、
デジタル関係に精通し、
「マンガ大賞」発起人となるなど、
アナウンサーの枠にとらわれず
活動を続けている。
2012年に第49回ギャラクシー賞
DJパーソナリティ賞受賞。
著書に『なぜ、この人と話をすると
楽になるのか』(太田出版)、
『あなたの不安を解消する方法が
ここに書いてあります。』(河出書房新社)など。

Twitter アカウント
@yoshidahisanori

元コミュ障アナウンサーが考案した
会話がしんどい人のための話し方・聞き方の教科書

発行日　2020年8月29日　第1刷
発行日　2020年9月14日　第3刷

著者　吉田尚記

本書プロジェクトチーム
編集統括　柿内尚文
編集担当　小林英史、村上芳子
編集協力　田中嘉人、増澤健太郎、小林謙一、谷頭千澄
デザイン　杉山健太郎
イラスト　否アラズ
DTP　G-clef
校正　東京出版サービスセンター

営業統括　丸山敏生
営業推進　増尾友裕、藤野茉友、綱脇愛、渋谷香、大原桂子、桐山敦子、矢部愛、寺内未来子
販売促進　池田孝一郎、石井耕平、熊切絵理、菊山清佳、櫻井恵子、吉村寿美子、矢橋寛子、遠藤真知子、森田真紀、大村かおり、高垣真美、高垣知子
プロモーション　山田美恵、林屋成一郎

編集　舘瑞恵、栗田亘、大住兼正、菊地貴広
講演・マネジメント事業　斎藤和佳、高間裕子、志水公美
メディア開発　池田剛、中山景、中村悟志、長野太介、多湖元毅
総務　生越こずえ、名児耶美咲
管理部　八木宏之、早坂裕子、金井昭彦
マネジメント　坂下毅
発行人　高橋克佳

発行所　株式会社アスコム

〒105-0003
東京都港区西新橋2-23-1　3東洋海事ビル
編集部　TEL：03-5425-6627
営業部　TEL：03-5425-6626　FAX：03-5425-6770

印刷・製本　中央精版印刷株式会社

Printed in Japan ISBN 978-4-7762-1077-1